KB154703

일 잘하고
일찍
퇴근하겠습니다

일 잘하고
일찍
퇴근하겠습니다

하하부장 지음

이야기가있는집

성장하고자 하는 모든 이에게
건네는 따뜻한 위로와 응원

송지원(SKT 티맵모빌리티 사업팀장)

처음 선배를 만난 건, 10년 전으로 거슬러 올라간다. 일 잘하기로 소문난 카리스마 넘치는 하 부장님과 일에 대한 기본기와 디테일이 10% 부족했던 6년차 과장의 만남이었다.

'빡셈의 향연', 우리는 그 시절을 이렇게 회상하곤 한다.

남자들에게 군대 이야기가 있다면, 선배와 나 사이에는 그때 그 시절의 이야기가 있다. 우리끼리만 공감할 수 있는 경험, 평소에 겪지 못한 다양한 에피소드들. 더불어 누가 더 힘든 곳을 다녀왔냐는 것을 바탕으로 자신의 입지와 순위를 매기며 명예가 되는 일종의 영웅담이랄까. 지독히도 힘들었던, 매순간 벼랑 끝에 서 있는 기분이었지만 서로가 있어 버틸 수 있었던 시간이었다.

내겐 너무 큰 산과도 같았던, 일에 대해서 만큼은 타고난 재능을 갖고 있는 사람. 나도 선배처럼 일하고 싶다고 느꼈던 그때, 나중에 안 사실이지만 정작 선배에게 있어서는 전에 없던 성장통을 겪는 시기였다고 한다. 부족했던 나로 인해 이중, 삼중고의 압박과 책임감을 견뎌냈을 선배에게 미안함과 고마움이 교차했다.

그렇게 쉬지도 않고 매일을 성큼성큼 앞서 나가던 선배에게 어느 날 예고도 없이 쉼이 찾아왔다. 일을 통해 존재 이유를 느끼고, 일이 잘 될 때 그 어느 때보다 행복해했던 선배는 처음으로 그랬던 자신을 원망했던 것 같다.

하지만 그 순간에도 선배를 좌절 속에서 일으켜준 건 아이러니하게도 또 하나의 '일'이었다. 긴 시간 차곡차곡 쌓아왔던 일의 경험들을 정리하고, 오래 지속 가능한 일과 삶의 균형을 잡는 법을 담아내기 시작했다. 탈고된 원고를 받아보기도 전에 '아, 이건 분명 쎈이다!'라고 확신했고, 몇 달 후 책을 읽어본 소감은 '역시는 역시!'였다.

내가 닮고 싶었던 선배의 일에 대한 진심과 태도, 전체를 보면서도 디테일을 놓치지 않는 법, 무엇보다 제대로 고민한다는 것이 어떤 건지를 똑 소리 나게 알려주는 책. 단순히 책을 통해 배운다가 아니라 알고, 깨닫고, 결국 체득하게 만드는, 그래서 한 번만 읽기엔 아까운 귀한 책이다.

세월이 흐르는 사이 나 역시 여러 변곡점을 지나왔고, 선배와 나는 이제 함께 일하지 않는다. 그리고 그때의 선배가 그러했듯 누군가의 선배로, 일과 일 사이에서 여전히 하루하루를 고군분투하며 살아내고 있다.

이젠 누군가에게 일에 대해 물어보고 조언을 구하는 것조차 큰 용기가 필요한 나에게, 선배의 지난 시간이 축적된 따뜻한 위로와 응원이 담긴 이 책의 출간이 진심으로 반갑고 고맙다.

디테일 가득한 일 잘하는 책

김솔(한국외국어대학교 경영대학 교수)

주 52시간 근무제가 정착되어 가고 있는 지금, 정해진 시간에 일을 제대로 하고 제때 퇴근하는 일이 그 무엇보다 중요하다. 그동안 일과 관련된 책들은 오랜 세월 기업을 다닌 퇴직자가 '라떼 이스 호스…'로 시작하여 '그때가 좋았는데…'로 끝나는 책이거나 경영 컨설턴트로 일하며 여기저기서 들은 일과 관련된 간접 경험으로 채워진 (직접적인 도움이 안 되는) 책들이 대부분이었다.

이 책은 다르다. 20년간 대기업의 HRD 부서에 근무했고 현재도 직장에서 열심히 자신의 역할을 충실히 하고 있는 저자가 실제 겪은 사례와 자료를 동원하여 들려주는 (저자가 그리도 강조하는) '디테일' 가득한 '일 잘하기' 책이다.

일 자체를 이렇게 설정하고 풀어가야 하는지, 보고서는 어떻게 작성하며, PT는 어떻게 해야 하고, 장표는 어떻게 만들어야 하고, 이메일과 SNS 메신

7

추천사

저는 어떻게 해야 하는지 등의 디테일한 '일 잘하는 비법'을 실제 사례와 함께 풀어가서 머리에 쏙쏙 들어온다. 중간중간 나오는 책의 내용에 딱 들어맞는 삽화들은 웹툰을 보는 것 같아 재미까지 있다.

옆자리에 선배 누나이자 언니가 화이트 보드에 이것저것 그려가며 차근차근 오목조목 친절하면서도 따끔하게 들려주는 살아 숨쉬는 이야기를 여러분도 함께 경험해보고 싶지 않으신가? 현재 일을 막 시작한 신입사원뿐만 아니라 '직장인 권태기'에 빠져 발전이 정체된 중견 직장인 그리고 취업을 준비하는 대학생들도 곁에 두고 필요할 때마다 꺼내어 반복해서 읽어보길 권한다.

이 책을 읽고 반성한다.
나는 과연 일 잘하는 교수인가?

위기의 순간, 초심으로 돌아가
성찰하도록 만드는 깊이 있는 책

조대연(고려대학교 교육학과 교수 / (사) 한국인력개발학회 회장)

저자는 20년간 직장생활에서 겪은 경험을 바탕으로 취업을 준비하거나 신입 사원들에게 도움이 될 수 있는 내용들을 담았다고 합니다. 그러나 책 내용은 이미 직장생활을 오래 한 베테랑들에게도 위기의 순간에 초심으로 돌아가 성찰하도록 만드는 깊이 있는 내용으로 구성되어 있습니다.

이 책을 통한 저자와의 교감은 독자들에게 경험 학습의 출발이라고 봅니다. 또한 직장 및 사회생활에 전략적으로 빠르게 적응할 수 있는 학습 참여자가 되는 순간입니다. 이 순간을 즐겨보시기 바랍니다.

직장생활에서의 시행착오를
줄일 수 있는 팁과 노하우

정명곤(KT 컬처경영담당 상무)

MZ세대들은 SNS 등을 통한 소통에 익숙하지만, 막상 직장생활의 여러 고민을 진솔하게 소통할 창구는 찾기 어렵다.

　'이 일을 내가 왜 하는 거지?'
　'이 정도면 괜찮은 보고서인 것 같은데, 뭐가 문제지?'
　'협업하는 사람들에게 충분히 커뮤니케이션한 것 같은데, 왜 이런 문제가 생겼지?'

마치 직장생활의 바이블처럼, 이 책은 직장생활의 고민을 공감하며, 직장생활에서의 시행착오를 줄일 수 있는 팁과 노하우를 빼곡히 담고 있다. 이 책은 취업을 준비하는 취준생, 이제 직장에 갓 입사한 신입사원들에게 분명 슬기로운 직장생활을 위한 훌륭한 지침서가 될 것이다.

고만고만한 자기계발서의 홍수 시대에
뾰족하게 돋보이는 보석 같은 책

박세현(엔픽셀 경영지원총괄부사장)

지난 20년간 (그리고 지금도) 국내를 대표하는 기업 현장에서 HRD 전문가로 활동하며 단단하게 쌓아온 저자의 값진 경험과 시간을 오롯이 이 한 권에 담아냈다.

성과와 성장을 고민하는 당신에게 '네가 가장 소중해' 식의 마음의 위로가 아닌 지금 당장 일을 더 잘할 수 있는 구체적인 방법을 과외하듯 '실전 기술'로 꽉꽉 채운 이 책은 어느 페이지부터 읽더라도 당신의 성장에 도움이 될 것이다. 그리고 매 단락마다 아낌없이 실은 구체적인 사례들만으로도 충분히 가치가 있는 책임을 자신한다.

언젠가 첫 출근하게 될 내 딸의 손에 들려주고 싶다….

세상의 모든 현재진행형 인재들에게

주변에 일 잘하는 사람은 많지만, 일 잘하는 노하우를 굳이 시간 들여 다른 이에게 전해주는 사람은 흔하지 않다. 학교에서도, 회사에서도 한 번도 제대로 배우지 못했던 '일 잘하는 방법'을 이렇게 세심하게 알려주는 책이 있어 참 다행이다. 특히, 살아 있는 실무 경험을 바탕으로 구체적인 비법들을 하나라도 더 전해주려는 저자의 따뜻함이 전해져 뭉클하다.

리더로서 아직 업무가 미숙한 동료를 만나면 마치 과거의 내 모습 같아 귀엽다는 생각마저 들 때가 있다. 세상의 모든 현재진행형 인재들에게, 이미 잘하고 있지만 더 잘하라는 응원의 의미로 건네주고 싶은 책이다.

누구나 알고 있지만
실천하기 까다로운 일 잘하는 비법

무언가를 잘하고자 하는 것은 인간의 기본 욕구이다. 성취감을 얻을 수 있고 자부심을 느낄 수 있고 무엇보다 남의 인정을 받게 된다는 행복감까지 생기기 때문이다.

이 책에는 저자가 지난 20년간 차곡차곡 쌓아온, 누구나 알고 있지만 실천하기는 까다로운 '일 잘하는 비법'을 공개한다.

20년간 교육전문가로 살아온 저자의 경험은 직장생활에서 자신의 성장을 고민하는 모든 이에게 훌륭한 지침서가 될 것이다.

믿고 실천해보자.

13
추천사

차례

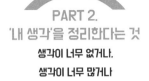

들어가며

누구에게나 남다른 의미의 공간이 있습니다. 제게는 광화문에 있는 K서점이 그런 공간입니다. 그곳에 가면 흐릿하지만 잊지 못할 소중한 추억들이 되살아나고, 업무나 대학원 논문 작성에 필요한 자료를 찾기 위해 책을 뒤적이던 오래전 제 모습을 만날 수 있습니다. 또 (부끄럽지만) 책을 읽는 것보다 수집하는 것을 좋아하다 보니, 힙한 디자인의 책이나 기가 막힌 제목을 볼 때면 마치 쇼핑을 하는 듯한 설렘을 느끼곤 합니다. 그런 의미에서 서점은 제게 사진관이고, 도서관이고, 쇼핑몰입니다.

요즘에는 일 잘하는 방법을 알려주는 책들과 더불어 '퇴사 준비'나 'N잡러'에 대한 책들이 부쩍 눈에 띕니다. 단편적으로 해석하기는 어렵지만, 언뜻 사람들이 '일'에 대해 가지는 '애Love+증Hate'의 마음이 반영된 것이 아닐까 생각해봅니다. 며칠이고 고민해서 가져간 기획서에 던져지는 팀장님의 날 선 피드백, 야심 차게 기획한 행사에서 고객의 싸늘한 반응을 마주하게 되면 우리 입에서는 '못 해 먹겠다'라는 말이 저절로 나옵니다. 그리고는 이내 결심을 하죠. '이것은 진정 내가 원한 삶이 아니야. 더 늦기 전에 못다 한 꿈을 이루겠어!'라며 퇴사를 준비하기도 합니다.

그러다가도 오랜 시간 골치 아팠던 일이 잘 해결되거나, 좋은 성과를 내서 주변에서 칭찬과 인정을 받으면 언제 그랬냐는 듯이 다시 잔뜩 에너지가 차오르고 어깨에 힘이 들어가지요.

'일'이란 누군가에게는 먹고사는 절박함이기도 하고, 누군가에게는 인생의 목표를 실현하는 수단입니다. 또 일을 꼭 회사에서만 해야 하는 것도 아니고, 꼭 일을 해야 하는 것도 아닙니다. 하지만 분명한 것은 지금 일을 하고 있다면, 이 일이 우리의 인생을 대하는 감정에 많은 영향을 미친다는 점입니다. 제 경험을 일반화하긴 어렵지만, 저는 일을 잘할 때 일이 재미있었고 인생도 잘 풀린다고 생각했던 것 같습니다. 저 자신이 꽤 잘난 사람인 것 같은 자신감은 물론이고요. "좋아하는 과목이냐 아니냐가 중요한 게 아니야. 잘하는 과목은 좋아할 수밖에 없어"라는 고등학교 담임선생님의 말씀처럼 말입니다.

국내 유수의 대기업에서 만난 선후배는 물론이고, 일을 통해 만난 다양한 사람들(예를 들어 일러스트레이터, 작가, 무대 디자이너 등) 가운데 유독 일을 잘하는 사람들에게는 공통분모가 있습니다. 일에 대한 태도, 생각하는 방식, 아웃풋의 디테일, 효율적인 커뮤니케이션 등 이 모두는 처세, 사내정치, 야근 이런 것과는 한참 거리가 먼 것들이지요.

일을 잘하게 되면, 인생에서 꽤 유용하고 힘 있는 무기를 가진 것과 같습니다. 예전에는 일을 잘하는 것 또한 타고난 재능이라고 생각했지만, 이제는 생각이 다릅니다. 일에 대한 내공은 어느날 갑자기 요행처럼 쌓이지도 않고, 특별한 재능이 있어야만 가질 수 있는 것도 아니라고 말이지요. 지금 일이 어렵게 느껴진다면, 당신의 업무 스킬이나 재능이 부족해서라기보다는 일에 대한 기본기와 디테일을 제대로 배우지 못한 까닭입니다.

제가 그랬듯이 말이지요.

일의 기본기를 제대로 배우기 위해서는 좋은 선배와 좋은 프로젝트, 좋은 동료를 만나야 가능합니다. 그런 면에서 억수로 운이 좋았던 제 경험을 나누고 싶습니다. 좋은 선배들의 피드백을 통해 일에서 무엇에 집중하고, 무엇에 힘을 빼야 하는지를 배울 수 있었습니다. 또 각자의 전문성을 가진 훌륭한 동료들과의 협업을 통해 남다른 일 감각을 배울 수 있었습니다. 예를 들어 홍보 부서의 동료에게는 메시지를 뽑아내는 스킬을, 마케팅 부서 동료에게는 사용자 입장에서 문제를 바라보는 관점을, 디자인 부서 동료에게는 차별적인 콘셉트를 일관되게 유지하는 법 등을 말이지요.

병으로 인해 갑작스러운 휴지기를 가지며 삶에 대한 근본적인 질문과 마주할 수 있었습니다. 생각의 늪에서 빠져나올 때쯤 지난 20년 동안의 삶에서 가장 큰 비중을 차지했던 '일'에 대해 정리해보고 싶었습니다. 그리고 저처럼 일과 삶의 균형을 고민하는 누군가에게 부족하나마 도움이 되고 싶었습니다. 제가 서점에서 보았던 수많은 책에서 받았던 위로와 도움처럼 말이지요.

저는 유명한 기업의 CEO도 아니고, 여러분과 똑같이 일이 어려웠던 평범한 직장인입니다. 다만 국내 여러 대기업에서 의미 있는 프로젝트를 진행하면서 여러분보다 앞서 일을 배운 사람일 뿐이시요. 이 책에는 앞으로 여러분이 수없이 겪게 될, 다만 제가 여러분보다 한발 먼저 부딪히며 느끼고 배운 다양한 경험들이 담겨 있습니다. 직장 내 사수 개념이 희미해지고 코로나19로 인해 더욱 일을 배우기가 어려워진 요즘, 이 책이 부족하나마 여러분의 든든한 랜선 사수 역할을 할 수 있었으면 합니다. 조금 더 욕심을 부려본다면, 시간과 경험이 퇴적되어야 얻을 수 있는 일의 기본기를 차곡차곡 쌓는 데에 이 책이 도움이 되어, 누군가의 인생이 조금은 더 여유가 생겼으면 하는 바람을 담아봅니다.

여러분의 인생에서 일이, 더이상 시지프스의 돌이 아닌
열정과 꿈을 담아내는 그릇이 되기를 바라며….

자, 어서 일 잘하고 빨리 퇴근하자고요!

이 책의 구성

이 책에는 직장생활을 하면서 누구나 해보았을 법한 고민들을 해결하는 데 도움이 될 조언들과 일의 시행착오를 줄일 수 있는 노하우들이 담겨 있습니다. 각 파트에서 다루고 있는 내용은 다음과 같습니다.

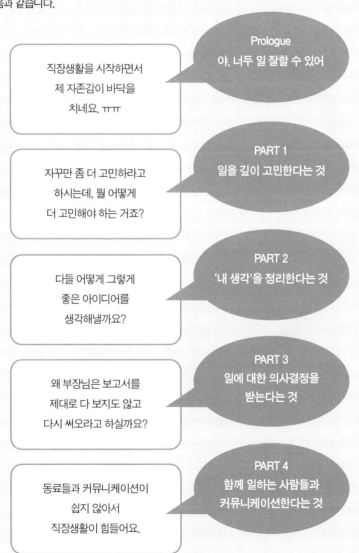

직장생활을 시작하면서
제 자존감이 바닥을
치네요. ㅠㅠ

Prologue
야, 너두 일 잘할 수 있어

자꾸만 좀 더 고민하라고
하시는데, 뭘 어떻게
더 고민해야 하는 거죠?

PART 1
일을 깊이 고민한다는 것

다들 어떻게 그렇게
좋은 아이디어를
생각해낼까요?

PART 2
'내 생각'을 정리한다는 것

왜 부장님은 보고서를
제대로 다 보지도 않고
다시 써오라고 하실까요?

PART 3
일에 대한 의사결정을
받는다는 것

동료들과 커뮤니케이션이
쉽지 않아서
직장생활이 힘들어요.

PART 4
함께 일하는 사람들과
커뮤니케이션한다는 것

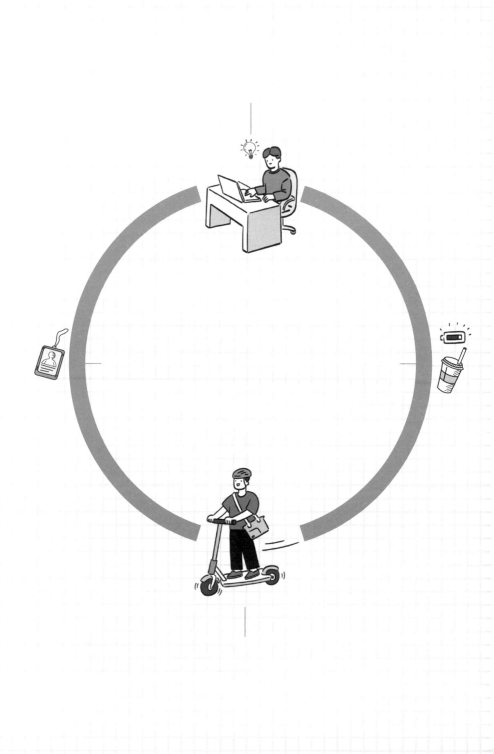

Prologue

야, 너두
일 잘할 수 있어!

일을 대하기 전
버릴 것(-), 더할 것(+), 생각할 것(!)

버릴 것: 일에 대한 클리셰

더할 것: 일에 대한 디테일

생각할 것: 일에 대한 나란 사람

버릴 것
_일에 대한 클리셰

일이 인생에서 차지하는 엄청난 의미와 비중에 반해, 우리는 제대로 일을 배워본 적이 없습니다. 모든 것이 서툴렀던 신입사원 시절에는 일 잘하는 방법을 알려주는 1타 강사가 있다면, 고액 개인 과외라도 받고 싶을 정도로 절박했습니다.

하지만 돌이켜보건대 일을 제대로 배우는 것만큼이나 중요한 것은 일에 대한 잘못된 선입견을 갖지 않는 것임을 깨달았습니다. 일에 대한 잘못된 고정관념은 생각보다 강력하게 우리가 일을 못하도록 방해합니다.

이런 생각들은 어떻게 가지게 되었을까요?

저는 종종 농담 삼아 드라마 탓을 하곤 합니다. 드라마 덕후인 제가 드라마를 보면서 알게 모르게 만들어간 이미지들이 한몫한 것 같거든요. '회사 생활은 이런 것, 일이란 이런 것'이라고 말이지요. 고등학생 때 대학 생활을 낭만적으로 그린 드라마를 보며, 대학만 들어가면 장밋빛 인생이 펼쳐질 것이라는 환상에 이미 한번 속았음에도 말입니다.

그럼, 지금부터 일을 잘하기 위해 우리가 버리고 시작하면 좋을 몇 가지 클리셰*에 대해 생각해볼까요?

드라마 속 주인공들은 신입사원인데도 일을 너무 잘한다

제가 상상했던 직장생활은 이랬습니다. 별다방 모닝커피를 테이크아웃 해서 한 손에 들고, 대기업 CI^{Corporate Identity}와 프로필 사진이 멋지게 박힌 사원증을 출입문에 찍고 출근하는 모습 말입니다. 정작 일에 대해서는 '뭐 가르쳐주는 대로 하면 저절로 잘할 수 있지 않을까?' 정도로만 생각했습니다. 드라마를 보면 신입사원의 실력을 제대로 활용하지 못하는 팀장만 있을 뿐, 신입사원들은 대부분 일을 너무 잘했으니까요.

당연히 직장에서의 일은 생각보다 만만치 않았습니다. 능숙하지 않은 업무보다 더 큰 문제는 바닥으로 떨어진 자존감이었습니다. '일을 제대로 못하는 건 오로지 내가 실력이 없기 때문'이라는 생각이 들기 시작했습니다. 한번 움츠러드니 팀장의 업무 지시를 정확하게 이해하지 못해도 알아듣는

---

* 클리셰(Cliché): 진부한 표현이나 고정관념을 뜻하는 프랑스어. 영화나 드라마 등에서 진부한 장면이나 판에 박힌 대화, 상투적 줄거리, 전형적인 수법이나 표현을 뜻하는 용어로 자주 사용됨

것처럼 행동하고, 자리에서 혼자 고민하며 일을 계속 부여잡고 있는 버릇이 생겼습니다. 모닝커피 대신 술로 괴로움을 달래던 신입사원 시절이었지요.

얼마전 친구와 이야기를 나누다가, 까마득히 잊고 있었던 제 신입사원 시절을 소환하게 된 계기가 있었습니다. K대 법대를 나온 그 친구는 졸업 후 모 기업 법무팀에 입사했는데, 일 년이 채 되지 않아 회사를 나와 사법시험을 준비했습니다. 지금은 꽤 잘나가는 변호사로 활동하고 있지요. 서로의 직장과 일에 대한 이야기를 나누면서, 제 생각과는 좀 다른 이야기를 듣게 되었습니다.

친구의 얘기인즉, 현재 법조인으로서의 모습은 자신이 가장 선택하고 싶지 않았던 미래라고 했습니다. 그리고 자신은 사법시험을 준비하기 위해 퇴사한 것이 아니라, 퇴사하고 난 뒤에 어쩔 수 없이 사법시험을 준비했다고 말이지요. 신입사원이었던 자신에게 선배들은 일은 자세히 가르쳐주지도 않으면서 "그 정도는 할 수 있지?"라며 일을 시키곤 했는데, 선배들의 기대만큼 일을 해내지 못한다는 자격지심에 너무 힘들었다고 했습니다. 이제 와서 신입사원 시절에 일을 제대로 가르쳐주지 않은 선배를 탓하려는 것은 아닙니다. 다만, 지금 저와 제 친구처럼 좌충우돌하며 마음고생을 하고 있는 누군가가 있다면 결코 당신이 부족해서도 아니고, 비단 나만의 이야기가 아니라는 사실을 알려드리고 싶습니다.

드라마의 주인공들은 신입사원이면서 회의마다 번뜩이는 아이디어를 내고, 몇 년 차 선배들도 하지 못하는 난제를 해결하곤 합니다. 드라마는 드라마일 뿐임에도, 우리는 어느샌가 드라마 속의 모습을 꿈꿉니다. 그러다 보니 쉽게 스스로에게 야박한 평가를 내리곤 합니다.

물론 요즘 후배들은 저희 때보다 훨씬 더 유능하고 똑 부러지게 일을 잘합니다. 하지만 일을 잘하는 친구라 하더라도 성장하면서 직면하는 여러 터닝 포인트에서 스스로에 대한 과한 기대감이 독이 되어 자격지심으로 힘들어하는 모습을 많이 보았습니다. 예를 들어 이직하거나 직무가 바뀌거나 승진하거나 직책을 맡게 되는 경우가 그렇습니다.

처음부터 잘할 수 없는 것이 당연한데, 드라마에서처럼 처음부터 잘 해내야 할 것 같은 과한 기대감은 결코 도움이 되지 않습니다. 새로운 일과 상황에 놓이면 그 일을 잘하게 되기까지 시간이 필요한 것은 당연합니다. 모든 것을 능숙하게 해내지 못한다고 주눅 들지 말고, 오히려 당당하게 많이 묻고 배우는 기회로 삼았으면 합니다. 저 역시 그런 순간이 전혀 없다고는 할 수 없지만, 그때마다 제 신입사원 시절을 생각합니다. 그때는 정말 부족했지만, 일을 제대로 배운 지금 저는 꽤 일을 잘하고 있으니까요.

자신의 역량을 의심하고 고민하기보다, 호흡을 길게 가져가면서 일을 어떻게 하면 좀 더 잘할 수 있을지에 집중해보세요. 분명 시간과 경험이 만든 자신감으로 가득한 여러분을 마주하게 될 것입니다.

갑자기 떠오르는 아이디어는 없다

"알아냈다, 알아냈어(유레카: Heurēka)!"

목욕탕에서 부력의 원리를 발견하고 유레카를 외친 아르키메데스의 이야기. 떨어지는 사과를 보면서 '만유인력의 법칙'을 발견했다는 아이작 뉴튼의 이야기. 여러분은 이 이야기를 들었을 때 어떠셨나요?

저는 두 과학자에 대한 일화를 들었던 어린 시절, 이 두 사람은 운이 엄청 좋다고 생각했습니다. 때마침 떨어지는 사과를 보고, 때마침 물이 꽉 찬 목욕탕 욕조에 들어간 간 덕에 대단한 과학 원리를 발견한 것이라고 생각했죠. 분명 두 과학자는 오랜 시간 동안 고민하고 연구해서 이론을 어느 정도 완성한 시점에 일련의 상황을 마주했을 것이고, 이 상황을 통해 이론을 보다 명확하게 정리해냈을 텐데 말입니다(언젠가 이 이야기는 만들어진 것이라는 칼럼도 읽은 적이 있습니다. 뉴튼은 주변에 중력을 설명하면서 사과에 빗대어 설명하곤 했는데, 프랑스의 사상가 볼테르가 과장해서 얘기한 것이 지금의 일화가 된 것이라 말이지요). 진실이야 어쨌든 이 일화들은 듣는 이들의 극적인 몰입감을 이끌어내고자 '우연성'을 강조한 것은 분명한 것 같습니다.

앞서 일화들과 비슷한 드라마의 클리셰가 있습니다.

주인공은 항상 회사의 명운이 달린 중요한 프로젝트를 마감 전날까지 해결하지 못하고 전전긍긍합니다. 아니면 다 된 프로젝트에 예상치 못한 변수가 발생하거나, 못된 직장 동료의 계략으로 난처한 상황에 직면하게 됩니다. 하지만 우리의 주인공은 어떤가요. 새벽 동이 밝아오거나 마감 직전에 번뜩 떠오른 아이디어로 이슈를 해결하곤 합니다.

이런 스토리에 익숙해진 탓일까요? 예전에 저는 일이 잘 안 풀리면, 어딘가에 있을 신박하고 기똥찬 아이디어를 아직 못 찾아낸 게 아닐까 하는 생각을 했던 것 같습니다. 그러면서 일과 직접적으로 연관이 없는 것들을 뒤적이면서 시간을 흘려보내기 일쑤였죠. 일이 안 풀릴수록, 일을 잘하고 싶을수록 '일'을 깊게 들여다보고 고민해야 해결할 수 있다는 것을 간과했던 것이지요.

일이 재미있어지고, 일을 잘하게 된 시점은 바로 일에 대한 접근 방식이 잘못되었다는 것을 깨닫게 된 뒤부터였습니다. (일을 고민하는 여러 가지 방법들, 예를 들어 이 일을 해야 하는 이유를 생각하고, 이 일과 관련된 데이터가 가지는 의미들을 분석해내고, 현장의 사용자의 목소리에 집중하면서 이 일을 통해 해결하려는 것을 분명하게 만들어 가는 것 등에 대해서는 뒤에서 자세히 얘기를 나누겠습니다.)

결국 일을 잘하기 위해서는 고민을 깊게 하는 것이시, 어디에 숨어 있는 신박한 해결책을 찾아가는 것이 아니라는 것! 잊지 않으셨으면 좋겠습니다.

리더는 서프라이즈를 좋아하지 않는다

드라마에서 발견한 재미있는 포인트는 팀장들이 하나같이 일을 하지 않는다는 사실입니다. 늘 팀원들이 고군분투하고, 팀장은 그 결과를 보고받기만 하지요.

신입사원 시절, 제가 맡게 된 일에서는 '팀장님이 깜짝 놀랄 수 있도록' 어느 정도 완결적으로 한 뒤에 보고해야 한다는 생각을 가지고 있었습니다. 이 일을 맡은 이상, 칭찬받을 수 있는 강력한 한방을 보여줘야 할 것 같았습니다. 하지만 현실은 어떤가요. (조금 시간을 많이 끌긴 했지만) 나름대로 고민해서 만든 보고서를 팀장에게 가져가면, 방향 자체가 잘못되었다며 뒤의 내용들은 보지도 않고 다시 해오라고 합니다. 여기에 더해 "모르겠으면 바로 물어보지 왜 여태까지 시간을 보내고 있었냐"며 핀잔을 듣기도 하지요. 나름대로 할 수 있는 데까지 최선을 다했는데, 억울하기까지 합니다.

리더는 서프라이즈를 좋아하지 않습니다. 일의 진행 과정을 공유하지 않으면 리더는 불안합니다. '업무 지시를 잘 이해한 걸까? 고민은 하고 있는 것일까? 궁금한 게 있을 텐데, 왜 실문을 안 하지?' 하고 말이지요. 단언컨대, 일에서 9회말 2아웃 상황을 한방에 해결하는 홈런은 없습니다.

일을 한다는 것은 함께 논의하는 과정을 통해서, 결과적으로는 이것이 최선의 해결책이라는 확신을 함께 가지게 되는 과정이기 때문입니다.

"그래도 제가 담당자인데, 제가 다 안 하는 건 조금 무책임하게 느껴져요."

저 역시 이런 고민을 했습니다. 일에 대한 책임감이 강할수록 이런 경우가 많지요. 그런데 일을 하는 '나'를 중심에 두지 않고 '일이 잘 되는 것'으로 중심을 옮기면 답이 살짝 보입니다.

저는 담당자란 이 일에 대한 '책임감'을 가지고 가장 깊게, 가장 많이 고민하는 사람이라고 생각합니다. 내가 모든 일을 하나씩 다 챙기는 것이 효율적일 때도 있지만, 아닐 때도 있습니다. 예를 들어 일의 일부를 누군가와 협업하는 게 도움이 될 것 같다고 판단되면, 담당자로서 이것을 제안할 수 있어야 합니다. 아무리 고민을 해도 뾰족한 해결책이 떠오르지 않으면, 전체 일정상에서 중요한 타이밍을 놓치지 않도록 팀장에게 SOS를 요청하는 것도 담당자의 역할인 것이지요. 중요한 것은 내가 일을 잘하는 것이 아니라, 일이 잘 되는 것이니까요.

나의 멋진 한방을 누군가에게 보여주려는 마음이 불쑥불쑥 올라올 때 생각하세요. 일할 때만큼은 플레이를 하는 사람들과 함께 한 점 한 점 점수를 얻어가는 것이 마지막에 승리할 수 있는 지름길이라는 것을요.

묵묵함보다 나를 알리는 브랜딩이 필요하다

드라마 속 주인공은 늘 겸손하고 묵묵히 일합니다. 우여곡절을 겪지만, 결국 주인공은 마. 침. 내. 인정받고 승승장구하게 되지요.

그렇다면 현실도 그럴까요? 감히 아니라고 말하고 싶습니다.

많은 사람이 승진과 높은 보상을 바라면서도 그것을 요구하거나 드러내는 것에 인색합니다. 저 역시 그랬습니다.

대놓고 말하면 너무 속된 사람으로 보여, 득보다 실이 많을 거라고 생각했습니다. 그러던 어느날 여성 리더를 대상으로 진행되는 한 CEO 특강을 듣고 뒤통수를 맞은 듯한 느낌을 받았습니다. 특강의 요지는 바로 '원하는 것에 솔직하라'였습니다. 속마음은 그 일을 맡고 싶고, 승진하고 싶으면서 마지못해 '시켜주면 하겠어요'라는 식으로 에둘러 말하지 말라는 것이었습니다. 진짜 그것을 원한다면 말이지요.

입장을 바꿔 생각해보세요. 비슷하게 일 잘하는 사람들 가운데 기왕이면 더 의욕적인 사람을 선택하고 싶지 않을까요? 자신의 내면에 솔직할수록, 스스로 성장의 한계를 긋지 않고 커브가 다른 성장 경로를 만들어냅니다.

일을 통해 조직 내에서 성장하는 것을 목표로 삼았다면, 그다음으로 자신의 강점을 알리고 적극적으로 존재감을 만들어가라고 조언하고 싶습니다.

경영컨설턴트인 톰 피터스도 '능력 있는 사람이 되는 것만큼 중요한 것은 셀프 브랜딩'이라고 강조했습니다. 우리가 물건 하나를 구매할 때도 비슷한 가격과 성능을 가진 제품들이라면 기왕이면 브랜드 인지도가 높은 제품을 선택하는 것과 마찬가지입니다. 어느 정도 직급이 되면 똑같이 일도 잘하고, 진행하는 프로젝트도 비슷하게 어렵고 중요해집니다.

성과가 확연하게 차이나는 경우도 있지만, 비슷비슷한 경우라면 결국 셀프 브랜딩을 잘한 사람이 더 큰 보상을 받는 것을 많이 보아왔습니다.

스스로를 인정하고 존재감을 키우는 데 인색하지 마세요. "이 일을 제일 잘할 사람이 누구지?"라는 질문에 떠오르는 사람, "저 사람은 이건 진짜 잘하지"라고 인식되는 사람으로 자리매김하려면 어떻게 해야 할지 고민해보세요. 나만 아는 강점이 아니라, 조직과 동료가 아는 강점으로 말이지요. 어련히 '누군가가 알아주겠지'라고 생각하면, 시간도 더디 걸리고 기회도 오지 않습니다.

더할 것
_일에 대한 디테일

일에도 명품과 짝퉁이 있다

어떤 상황에서든 최선의 고민과 결과를 이끌어내는 동료들이 있습니다. 일에 대해 진심인 동료들 말이지요. 이런 멋진 동료들과의 협업은 항상 즐겁습니다. 그들이 가진 어떤 역량이 함께 일하는 동료들에게 이런 확고한 신뢰를 갖도록 하는 건지 궁금했습니다.

몇 년 전 저희 회사 인사 부서에서 직원들의 상호평가 데이터를 분석한 적이 있습니다. 성과를 잘 내는 소위 일잘러들에게 언급되는 키워드를 정리해보니, 직급에 관계없이 공통적으로 나타난 것이 바로 '꼼꼼함/디테일'이었습니다. 생각해보니 제가 존경했던 선배들이나 동료들에게서 보았던 여러 특징을 포괄적으로 묶는다면 '디테일'일 수 있겠다는 생각이 들었습니다.

디테일하다(detail--)

[형용사] 자세하고 빈틈없이 꼼꼼하다.

명품 가방을 감쪽같이 모방한 A급 짝퉁이 결국 짝퉁일 수밖에 없는 이유 역시 바로 '디테일'에 있는 것처럼 말이지요.

명품 **vs** **짝퉁**	박음질의 디테일
	액세서리의 디테일
	라벨의 정교함 정도
	더스트백의 완성도

우리가 일을 잘하기 위해 꼭 갖추어야 할 디테일.

일에서의 디테일이란 무엇일까요.

상대방에 대한 배려에서 출발하는 디테일

저는 가끔씩 '○○○쇼핑 리스트, 살림잇템'으로 찾아보는 것을 좋아합니다. 쇼핑 리스트와 살림잇템으로 소개되는 것의 공통점은 '우리가 즐겨 쓰는 일상의 것들에 디테일을 더해 소소한 감동을 준다는 것들'이라는 점입니다.

한 번은 어떤 블로거가 소개한 일본 여행 쇼핑 리스트 중에서 인상적인 제품이 있었습니다. 우리나라 마트에서 판매되는 제품과 비교해볼 때, 용기와 껌 자체의 모양은 비슷한데 다른 점이 하나 있었습니다. 바로 껌 통 안에 껌을 싸서 버릴 수 있는 조그마한 포스트잇 모양의 종이가 함께 들어 있는 것이었습니다. 우리 모두 껌을 다 씹고 난 뒤에 껌을 싸서 버릴 종이를 찾아 헤맸던 경험이 있잖아요? '정말 좋은 아이디어인데?'라고 생각했습니다.

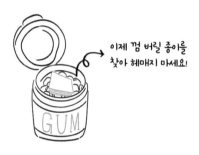

이제 껌 버릴 종이를 찾아 헤매지 마세요!

그런데 이게 다가 아니었습니다. 혹시라도 껌과 종이가 같이 용기에 들어 있는 것에 우려감을 가질 사람을 위해, 뒷면에는 '식품에 안전한 풀을 사용했습니다'라는 문구를 적어두었다는 점입니다. 정말 감동이지 않나요?

디테일 하면 빼놓을 수 없는 브랜드가 있지요. 바로 애플입니다. 소위 애플빠로 불리는 팬덤을 가진 애플은 무엇이 다를까요. 전 애플 제품의 기술과 디자인에 더해, 디테일이 큰 몫을 했다고 생각합니다. 힘들여 찾지 않아도 의식의 흐름대로 자연스럽게 있어야 할 곳에서 깨알 같은 디테일을 경험하는 순간, 우리는 애플의 매력에 빠져듭니다. 예를 들어 애플의 제품을 언박싱하기 위해서는 굳이 커터칼을 찾아 비닐을 벗겨낼 필요가 없습니다. 친절하게 손으로 잡아 뜯을 수 있도록 스티치 처리가 되어 있지요.

아이맥을 사용하면서 마우스를 이리저리 움직이면 화면에 마우스 커서가 크게 나타납니다. 마우스 커서를 찾느라 답답함을 느껴본 사람이라면 이 이 섬세한 배려에 감동하게 됩니다. 애플 펜슬은 또 어떤가요? 원형의 펜슬이 굴러가 분실되지 않도록 원형의 펜슬 한 부분이 면이 되도록 디자인했습니다. 거기에 하나 더, 어디로 굴러가든 마지막에는 결국 애플 로고가 보이면서 멈춥니다.

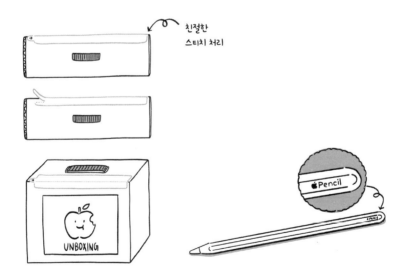

친절한
스티치 처리

45

같은 제품, 같은 서비스라도 디테일이 더해지면 감동의 깊이기 달리 집니다. 그들의 세심한 배려가 느껴지는 순간, '와! 일 잘하네?' 하고 한 번도 본 적 없는 담당자를 칭찬하게 됩니다. 표정의 디테일로 위트가 살아 있는 일러스트, 같은 춤이라도 누군가의 동작에서만 보이는 손끝의 디테일, 테이프를 뜯기 쉽도록 끝부분을 살짝 접은 택배박스 포장 등에서 우리는 부지불식간에 호감을 가지게 되고 팬이 되는 것처럼요.

디테일은 철저하게 상대방의 입장에서 고민해야 가능합니다. 다양한 고객들의 입장에서 한 땀 한 땀 시뮬레이션해볼 때 나올 수 있는 산출물이지요. 지금 하고 있는 일의 고객을 상상하며, 여러분의 디테일로 어떤 감동을 줄 수 있을지 고민해보세요. 당신의 상사, 당신의 고객, 당신의 동료가 일에 대한 당신의 배려를 느낄 수 있도록 말이지요.

귀차니즘을 극복하는 성실함이 디테일을 만든다

일을 잘하려면 디테일이 강해야 한다고 하니, 혹시 천성적으로 덜렁거리는 성격의 소유자는 일을 못 할 수밖에 없나 하고 걱정되시나요? 사실은 제 얘기이기도 합니다. 물론 꼼꼼한 사람은 디테일하게 일을 하기 쉽습니다. 하지만 이것을 극복할 수 있는 것이 바로 성실함입니다.

다음 메일은 두 명의 후배가 같은 업무를 처리한 내용입니다. 누가 일을 잘하는 사람일까요? 그리고 여러분이라면 누구와 일을 하고 싶은가요?

RE:RE:RE: 마케팅 캠페인 영상 제작 기획(안)

팀장님께 제작 기획안 컨펌받았습니다.

아래 메일 쓰레드 참고해서, 업체별로 컨택해서 견적서 첨부드리오니,

계약 진행 부탁드립니다.

————————

RE:RE마케팅 캠페인 영상 제작 기획(안)

리소스 및 제작 역량 고려하여 A업체에는 홍보티저, B업체에는 부스별 영상을

제작하기로 하였습니다.

업제별 견석서는 첨무 파일, 제삭 레퍼런스는 아래 URL 참고 부탁드립니다.

A 영상제작업체 WWW.AAAA.COM

B 영상제작업체 WWW.BBBB.COM

————————

RE: 마케팅 캠페인 영상 제작 기획(안)

영상 제작 기획 컨셉안 구현할 영상제작 추천 리스트입니다.

A 영상제작업체 담당자 아무개 / 000-000-0000

B 영상제작업체 담당자 아무개 / 000-000-0000

A, B 영상제작 계약 진행 요청				
구분	연락처	의뢰 업무	계약 단가	레퍼런스
A 영상제작업체	아무개 000-000-0000	홍보티저 영상 0건	500만 원/편	W W W . AAAA.COM
B 영상제작업체	아무개 000-000-0000	부스별 영상 0건	300만 원/편	W W W . BBBB.COM

산발적인 정보를 일목요연하게 구조화해주는 것, 받는 사람의 입장에서 최대한 빠르게 요점을 파악할 수 있도록 정리해주는 것, 회신해야 할 포인트는 강조해서 읽는 즉시 무엇을 해야 할지 직관적으로 인지하게 해주는 것, 굳이 첨부 파일을 열어보지 않아도 대략 핵심적인 사항을 파악할 수 있도록 문서의 주요 페이지를 이미지로 본문에 넣어서 보내주는 것 등에서 우리는 그 사람의 업무 디테일을 엿볼 수 있습니다.

이런 모든 것은 '상대방이 좀 더 쉽게 이해할 수 있게 하려면? 상대방이 불편하지 않으려면?' 하고 계속 질문해야 가능합니다. 사실 이런 과정은 다른 사람이 해야 할 수고로움을 대신하는 꽤 귀찮은 일입니다. 그렇기 때문에 디테일은 꼼꼼함에 더해 성실함이 함께 따라붙어야 합니다.

그런 의미에서 저는 일의 디테일이란, (좀 귀찮을 수 있지만) 상대방이 덜 귀찮게 미리 생각해서 챙겨주는 것이라고 말하고 싶습니다. 이 귀차니즘을 극복하면, 그 결과는 꽤 크게 돌아옵니다. 지금 하고 있는 일에 10%의 디테일만 더해보세요. 일의 성과는 물론, 협업하고 싶은 사람이라는 평판도 동시에 잡을 수 있습니다.

5%의 디테일로
성과도 챙기고!
평판도 챙기고!

가성비 끝판왕,
디테일!

생각할 것
_ 일에 대한 나란 사람

여러분만의 바둑을 두시기 바랍니다

"누구에게나 자신만의 바둑이 있다.
바둑판 위에 의미 없는 돌이란 없어."

웹툰 〈미생〉에서 나오는 말입니다.

웹툰은 물론 동명의 드라마까지 공전의 히트를 친 터라 이미 잘 알고 계신 분들도 많을 텐데요. 사실 저는 〈미생〉이 한참 인기가 있을 때는 회사 일이 너무 바빠 보지 못했습니다. 그러다 휴직을 하고 항암 치료를 받고 있는 제게 후배가 꽃과 카드를 보내주었는데, 그 카드에 적힌 내용을 보고는 〈미생〉 전편을 정독했습니다.

"예전에 미생 보면서 엄청 인상 깊었던 대사가

'누구에게나 자신만의 바둑이 있다'는 말이었어요.

우리는 그 바둑을 계속 두고 있는 중이고, 끝날 때까지는

결과가 어떨지 모르는 것 같아요.

지금 부장님에게 주어진 상황이 많이 힘드시겠지만,

분명 부장님 바둑의 끝은 행복하고 만족스러울 것이라 믿어요.

매번 말씀드리지만 부장님 만난 것도

제 인생에 큰 복이자 행운이에요!

기분 상큼한 하루 보내세요!"

20년 전 200명이 함께 한 달 동안 연수원에서 신입사원 교육을 받았습니다. 같은 출발선에 선 저희 동기 모두 의욕이 충만했습니다. 20년이 지난 지금, 연락이 닿고 있는 동기들의 모습은 어떨까요?

누구는 빠른 승진을 거듭하며 임원이 되었고, 또 다른 친구는 누구나 들으면 알 법한 드라마를 쓴 유명한 작가가 되어 있습니다. 누군가는 수학 학원 강사를 하고 있다는 소식도 들리고, 유튜버로 활동하고 있는 친구도 있지요(물론 가슴 아픈 소식도 있지만 생략하겠습니다). 20년 전에는 전혀 생각지 못했던 저마다의 바둑을 열심히 두고 있습니다.

예전 제 별명은 '경주마'였습니다. 별명만 들어도 제가 어떻게 일했는지

느낌이 오실 거예요. 물론 열심히 일한 것을 후회하지는 않지만, 가장 안타까운 점은 인생의 바둑에서 그저 제 앞에 놓인 돌만 바라보는 데 급급했다는 것입니다. 긴 호흡으로 이 바둑을 어떻게 끌고 나갈지에 대해서는 깊이 고민해보지 않았던 것 같습니다.

여러분이 신입사원이나 주니어이든, 혹은 시니어이든, 지금 놓아야 할 돌에 급급하기보다 내가 살고 싶은 인생의 모습을 바둑판 전체에 그려보았으면 합니다. 그리고 그 가운데 일의 의미는 무엇인지 한번 생각해보면 좋을 것 같습니다. 중요한 것은 지금 두는 돌이 이 바둑의 승패를 결정하는 것이 아니라, 모든 돌이 모여 만들어내는 수가 이 바둑이 끝날 때쯤의 나를 만들어가는 것을 잊지 않으셨으면 합니다.

"나와의 대화가 필요합니다." 일이 가지는 의미에 대해

일본에서 교수로 재직 중인 강상중 선생님의 저서 가운데 《나를 지키는 법》이라는 책이 있습니다. 저자가 TV를 통해 일본 경제 불황과 대지진을 겪은 젊은 세대들에게 건넨 강연을 묶어 출판한 책인데, 일에 대한 의미를 곱씹는 데 큰 도움을 받았습니다. 인상적이었던 메시지를 요약하면 이렇습니다.

저자는 오늘날 세상은 더 이상 기존의 매뉴얼이 통하지 않는 '비상시'가 일상화되어버린 상황이라고 얘기합니다. 이런 세상에서 우리에게 필요한 것은 기본으로 돌아가 '일의 의미'를 생각하고, 다양한 관점을 가지고 삶을 통찰하는 인문학을 배우는 일련의 노력이라고 말이지요. 특히 앞날을 예측한다는 것 자체가 무의미하다 보니 당장 눈앞에 보이는 '숫자'에 급급하기 쉬운데, 이럴수록 우리에게는 '숫자'가 아닌 '숫자가 가진 의미'에 집중하는 거시적인 시야가 필요하다고 강조합니다.

저 역시 취업 준비를 할 때는 당장 직장에 들어가는 것이 간절했습니다. 입사만 하면 고생 끝, 행복 시작일 것 같았습니다. 하지만 원하는 회사에 입사하고 나서도 결국 일에 대한 고민, 성장에 대한 고민은 계속되었습니다. 일과 인생이 연결되는 '의미'를 깊이 고민해보지 못했던 까닭에 쉽게 좌절하고 조급해지곤 했죠.

여러분이 '나에게 일이란 어떠한 의미'인지에 대해 곰곰이 생각해보는 시간을 가졌으면 합니다. 외부의 시선이나 평가는 잠시 접어두고, 내 인생 속에서 일이 가지는 의미에 대해서 말입니다. 조바심내지 않고 긴 호흡으로, 그럴듯하게 말고 솔직하게 말이지요.

교육을 담당하는 장점 중 하나는 좋은 강의를 많이 듣게 된다는 점인데요. 여러분이 활용하면 좋을 방법 몇 가지를 소개합니다.

드로잉으로 내 감정 마주하기

한때 예술을 활용한 기업교육이 트렌드였던 적이 있었습니다. 조직 내 소통이라는 주제를 일반적인 강의가 아니라 직접 '그림'을 그려가며, 함께 고민해보고 생각하는 교육이었습니다. 그 가운데 인상적이었던 활동이 있었는데 바로 '일할 때의 내 표정 그려보기'였습니다.

말이나 글로 써보라고 했으면 조금 덜 솔직했을 텐데, 나만 알 수 있는 그림이라고 생각하니 솔직하게 그림을 그릴 수 있었습니다. 그리고 그림을 그리는 과정에서 '아! 지금 난 이런 상태였구나'라고 위에서 조망하듯 저를 들여다볼 수 있었습니다.

여러분이 직장에서 몇 년 뒤에 되어 있을, 되고 싶은 모습을 상상하며 그림을 그려보세요. 내가 직장에서 무엇을 이루고 싶은지 알아차리는 데 분명 도움이 될 것입니다.

현재 가장 즐겁게
일할 때의 모습을
그려보세요.
(누구와 무슨 일을
할 때인가요?)

미래의 나의
일하는 모습을
그려보세요
(누구와 무슨 일을
하고 있을까요?)

100개의 키워드 떠올려보기

'퍼스널 브랜딩' 강의를 들을 때 강사님이 소개해준 방법입니다. 이 방법을 살짝 응용해서 일에 대해 가지는 우리의 생각들을 들여다볼까요?

먼저 펜과 형광펜을 준비하세요. 빈 종이에 '일'에 대한 여러분의 생각(명사, 형용사, 부사의 형태 모두 좋습니다)을 50개 이상 적어봅니다. (강사님은 100개라고 했지만 꽤 힘들더라고요.) 쉽게 떠오르지 않을 수도 있습니다. 잘 떠오르지 않는다면 질문을 해봅니다. '내가 여태까지 해온 일은?' '내가 일을 통해서 이루고 싶은 것은?' '회사에서 내 별명은? 내 강점은?' '내가 직장에서 얻고 싶은 평판은?' '직장에서 내 롤모델은?' 이렇게 말이지요.

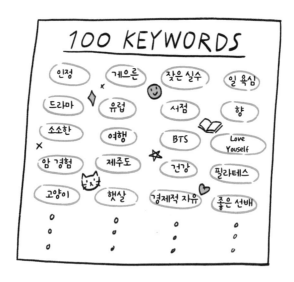

어느 정도 적었다면, 이제 그 단어들을 살펴보면서 비슷한 결을 가진 단어들을 형광펜으로 칠해서 묶어보는 것입니다. 형광펜으로 색을 칠한 후, 색으로 구분된 단어들을 들여다보면 아마 몇 가지 수렴되는 생각들이 보일 것입니다. 그 생각들에 이름을 붙여보세요. 그 이름들을 찬찬히 들여다보면, 여러분이 생각하는 일의 모습을 엿보는 데 도움이 되실 거예요.

일의 원칙을 통해 삶의 균형 잡기

대학 졸업식 연설문 가운데는 유독 명문장들이 많습니다. 사회를 향해 새로운 출발을 하는 졸업생들에게 건네는 선배의 진실한 조언이 담겨 있기 때문일 것입니다. 제가 좋아하는 연설 중 하나로 1991년 당시 코카콜라 CEO였던 브라이언 다이슨의 조지아텍대학 졸업식 연설문을 소개합니다.

"인생을 여러분이 공중에서 5개의 공을 저글링하는 게임이라고 상상해보세요. 여러분은 그것들을 일, 가족, 건강, 친구, 정신 등이라고 이름 짓고, 이 모든 것을 공중에 계속 떠 있을 수 있게 유지하고 있습니다. 여러분은 곧 일은 고무공이라는 것을 이해하게 될 것입니다. 만약 그것을 떨어뜨린다 하더라도 다시 튀어 오를 수 있습니다. 그러나 나머지 다른 4개의 공(가족, 건강, 친구, 정신 등)은 공은 유리로 만들어졌습니다. 이 중 하나를 떨어뜨리면 돌이킬 수 없을 정도로 찌그러지거나, 표시기 나거나, 흠집이 나거나, 손상되거나, 심지어 산산조각나게 됩니다. 이것은 결코 일과 같을 수 없습니다. 여러분은 그것을 이해하고 삶에서 균형을 이루기 위해 노력해야 합니다."

암 진단을 받고 나서 사람들이 물었습니다. 건강검진은 안 받았던 거냐고. 물론 저희 회사에는 좋은 병원과 연계된 훌륭한 건강검진 프로그램이 마련되어 있습니다. 하지만 하필 건강검진을 받기 전 날이면 왜 항상 급한 이슈가 생기고, 다시 변경한 일정에는 왜 또 대표님 보고 일정이 잡히는지요. 지금 생각해도 참 아이러니합니다.

그렇게 약 2년간 건강검진을 미뤄왔던 것조차 인지하지 못했습니다. '올해는 반드시 건강검진을 받으세요'라는 HR 부서의 독촉 메일에 '이번에 맡은 큰 컨퍼런스만 마무리하면 꼭 건강검진을 받아야지'라고 생각했습니다. 하지만 컨퍼런스 진행 당일, 행사 시작 30분 전 대표님 키노트를 수정하는 중에 병원에서 걸려온 전화를 받았습니다. "조직 검사 결과가 나왔는데 좋지 않네요. 빨리 병원에 오셔야 할 것 같아요"라고요.

브라이언 다이슨의 연설이 크게 회자될 때, 저도 강의에서 즐겨 인용하곤 했습니다. 하지만 머리로만 이해하고 실제로는 전혀 실천하고 있지 않았던 것이지요.

머릿속에서만 그치지 말고 지속적으로 실천하기 위해서는 '원칙'이 필요합니다. 여러분에게 일이 가지는 의미가 정리되었다면, 일을 하면서 지켜나갈 기준들을 정리해보길 추천합니다. 원칙이라고 하니 다소 거창하게 느껴지지만, 누구나 겪을 법한 예측 가능한 상황을 생각해보면서 선택의 상황에서 꼭 지키고 싶은 것은 무엇인지, 내가 취해야 할 행동의 기준들에 대해서 고민해보는 것입니다. 예를 들어 직장에서의 커리어에 대한 고민, 함께 일하는 사람들인 리더나 동료와의 관계 등에서 내가 지키고자 하는 것들을 하나씩 정해보는 것부터 시작해보면 좋을 것 같습니다.

- 팀장이나 동료가 나와 업무 스타일이 맞지 않는다면?
- 내 업무 성과에 대한 합당한 대우를 받지 못하게 된다면?
- 조직 내 중요도와 우선순위에서 밀리는 업무를 맡게 된다면?
- 나의 건강이나 일상이 방해받을 만큼의 과중한 업무를 맡게 된다면?
- 조직 내 부조리를 접하게 된다면?

이것들을 단번에 정리하기란 어렵습니다. 다만, 평소에 내 삶의 가치관과 궤를 함께하는 선택지를 생각해두는 것만으로도 유사한 상황이 닥쳐왔을 때 현명한 대처가 가능합니다. 계속 고민하고 수정하는 과정을 통해 우리의 생각은 단단해지고, 후회를 반복하지 않으면서 다음에 더 나은 선택을 할 수 있게 될 것입니다. 서의 경우 평생 건강과 일의 밸런스를 유지하는 것이 가장 큰 숙제입니다. 그래서 지금은 제가 평소에 잘 지키지 못하는 부분들을 중심으로 몇 가지 원칙을 정해놓고 지키려고 노력하고 있습니다.

· 해야 할 일이 많아 버거움을 느낄 때
▶ 아침마다 오전과 오후로 나누어 꼭 해야 할 굵직한 일을 정하고 시작하기

· 완벽주의 성향 때문에 자기 반성을 많이 하는 제가 스스로를 사랑하도록
▶ 밤에 잠들기 전에 오늘 하루도 애쓴 애틋한 나를 칭찬해주기

· 일과 삶이 구분되지 않는 오래된 습관을 개선하기 위해
▶ 노트북을 덮고 난 뒤에도 잠자리에서 계속 떠오르는 일 생각은 명상을 통해 잠시 미뤄두기(스위치를 누르는 모습을 상상하거나, 잡생각을 빈 유리병에 넣어 바다에 버리는 상상하기 등 저만의 생각오프 의식을 진행합니다.)

이번 주말에는 여러분이 좋아하고 편안함을 느끼는 공간에서 일에 대한 여러분만의 원칙을 세워보면 어떨까요. 무엇보다 미루지 말고 지금 시작하기를 권합니다. 원칙이라고 해서 한번 정해놓으면 반드시 지켜야 하는 것이 아닙니다. 끊임없이 들여다보면서 수정할 필요는 없는지, 지켜지고 있는지를 살펴보는 것이 더욱 중요하니까요.

일에 대한 나란 사람,

강점과 약점을 알아두면 쿨해질 수 있습니다

직장에서 가장 힘든 건 함께 일하는 사람들과의 관계입니다. 저 역시 그

랬습니다. 도무지 핀트가 맞지 않는 팀장과 일하면서 심적으로 많이 힘들었

던 때가 있었습니다. 사사건건 부딪히니 세상에 그것처럼 힘든 일이 없었습

니다. 답답한 마음에 MBTI를 배워보기로 했는데요, 강의를 들으면서 알았

습니다. ESFP였던 저와 INTJ인 팀장은 성향상 정반대 성격 유형이었지요.

ISTJ 세상의 소금형 한번 시작한 일은 끝까지 해내는 사람들	ISFJ 임금 뒤편의 권력형 성실하고 온화하며 협조를 잘하는 사람들	INFJ 예언자형 사람과 관련된 것에 통찰력이 뛰어난 사람들	INTJ 과학자형 전체적으로 조합하여 비전을 제시하는 사람들
ISTP 백과사전형 논리적이고 뛰어난 상황 적응력을 가지고 있는 사람들	ISFP 성인군자형 따뜻한 감성을 가지고 있는 겸손한 사람들	INFP 잔다르크형 이상적인 세상을 만들어가는 사람들	INTP 아이디어 뱅크형 비평적인 관점을 가지고 있는 뛰어난 전략가들
ESTP 수완 좋은 활동가형 친구, 운동, 음식 등 다양한 활동을 선호하는 사람들	ESFP 사교적인 유형 분위기를 고조시키는 우호적인 사람들	ENFP 스파크형 열정적으로 새로운 관계를 만드는 사람들	ENTP 발명가형 풍부한 상상력을 가지고 새로운 것에 도전하는 사람들
ESTJ 사업가형 사무적, 실용적, 현실적으로 일을 많이 하는 사람들	ESFJ 친선도모형 친절과 현실감을 바탕으로 타인에게 봉사하는 사람들	ENFJ 언변능숙형 타인의 성장을 도모하고 협동하는 사람들	ENTJ 지도자형 비전을 가지고 활력적으로 사람들을 이끌어가는 사람들

MBTI 워크숍에서 가장 인상적이었던 것은 성향이란 옳고 그름이 아닌 다름의 이슈라는 것이었습니다. 강의 중에 강사님은 교육생들에게 어떤 과일을 좋아하는 지 질문했습니다. 누군가는 사과를, 누군가는 바나나가 좋다고 답했지요. 멜론을 좋아한다고 말한 사람도 있었습니다. 답변을 듣고 강사님은 이렇게 말씀하셨습니다.

"우리가 바나나, 사과, 멜론을 좋아하는 것은 선호 혹은 취향의 문제이지 옳고 그름의 문제가 아닙니다"

일 얘기를 하면서 MBTI를 꺼낸 이유는 우리가 가진 일에 대한 강점도 약점도 저마다 다르다는 것을 얘기하고 싶어서입니다. 보통 일을 할 때 고민을 깊게 하는 '기획'의 영역이 강점인 친구가 있는가 하면, '문서 작성'이 강점인 친구도 있습니다. 또 어떤 친구는 잘 짜인 일들을 빠르고 정확하게 실행하는 데 '강점'이 있기도 하지요. 물론 모든 것을 다 잘하면 금상첨화겠지만 그런 사람이 있을까요? 누구나 타고난 강한 점과 약한 점을 가지고 있습니다.

이러한 일의 강점과 약점은 성장하는 과정에서 계속 변해갑니다. 같은 사람이라 하더라도 MBTI 검사 결과가 항상 동일하지 않은 것처럼 말이지요. 저는 주니어 시절에는 문서'만' 잘 만드는 사람이었고, 기획할 때면 움츠러드는 사람이었습니다. 하지만 부족했던 기획력에 대해 고민을 계속 하다 보니 지금은 문서 작성 스킬보다 기획력이 훨씬 강한 사람이 되었습니다.

혹시 메타인지Metacognition라는 용어를 들어본 적이 있으신가요. 1970년대 발달심리학자 존 플라벨이 제시한 개념인데, 얼마 전 모 방송사 프로그램에서 공부 잘하는 아이들이 공통적으로 가진 능력으로 소개되면서 큰 관심을 받았습니다. 메타인지란, '나는 얼마만큼 할 수 있는가'를 제대로 바라볼 수 있는 렌즈라고 할 수 있습니다. 메타인지는 성인인 우리에게도 유효합니다. 자신이 스스로 어떤 사람인지 관찰을 통해 객관화할수록 우리 역시 잘 성장할 수 있기 때문이지요.

여러분 스스로에게 질문하고, 관찰하면서 발견한 진짜 내 모습을 마주해 보세요. 내 강점을 인식하고, 약점은 인정하는 것이지요. 쿨하게 인정할수록 대처나 개발이 가능해집니다. 저의 경험상 '난 원래 기획도 잘하는 사람인데…'라고 생각할수록 배우기 어렵고 직장생활이 고단해집니다. 내가 잘하는 강점은 적극적으로 알리고, 단점은 꾸준한 호흡으로 메꿔가 보세요.

저도 했으니, 여러분은 더 잘할 수 있습니다.

생각해보기

나의 강점 찾아보기

내가 주변의 상사나 동료들에게 주로 듣는 얘기들, '내 얘기네'라고 생각되는 것들을
체크해보세요. 많이 체크되는 것이 여러분의 강점입니다.

기획력

☐ 기계적으로 일하지 않고, 이 일을 해야 하는 이유를 스스로 정리합니다.

☐ 어떤 일을 해결할 때, '진짜 이게 최선일까?'라고 계속 자문합니다.

☐ 복잡한 아젠다일수록 핵심을 파악해서 단순한 메시지로 정리합니다.

☐ 다양한 레퍼런스 가운데서 일에 적용할 수 있는 의미 있는 포인트를 찾아냅니다.

☐ 여러 이해관계자의 의견에 휘둘리지 않고 일의 본질을 유지합니다.

실행력

☐ 어느 정도 정리되면 일단 프로토타입을 재빠르게 만들어봅니다.

☐ '안 될 것 같은데?'라고 말하지 않고, '되게 만드는 방법'은 없을지 고민합니다.

☐ 일의 결과에 영향을 미칠 수 있는 요인을 고려하여, 일의 우선순위를 정하여 진행합니
다.

☐ 갑작스런 일정 변화나 추가적인 업무 지시에도 당황하거나 탓하기보다 해결책을
고민합니다.

☐ 빠르게 해야 할 일과 신중하게 해야 할 일을 구분할 수 있습니다.

커뮤니케이션

☐ 상대방이 잘 이해할 수 있도록 그들의 언어나 스타일을 파악하여 공감도를 높입니다.

☐ 같이 일하는 사람들에게 '왜 이 일을 해야 하는지' 공감할 수 있도록 설명해줍니다.

☐ 일방적으로 요청하지 않고, 일의 방향과 배경을 함께 설명합니다.

☐ 피드백할 때에는 '일'에 초점을 맞춰 얘기합니다.

☐ 육하원칙에 맞게 간단하고 명료하게 이야기합니다.

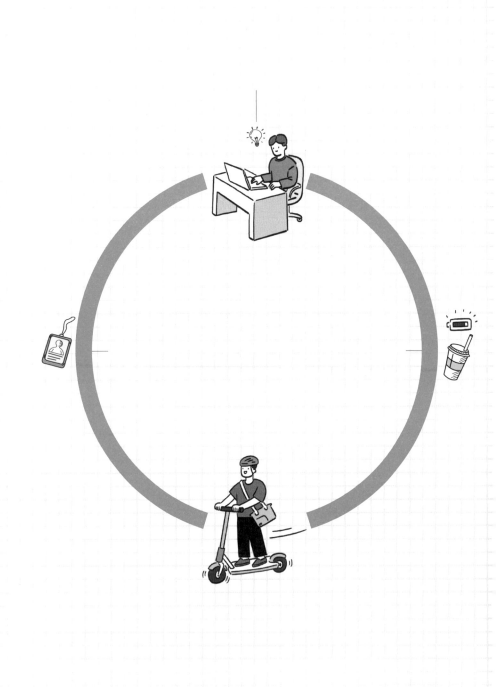

PART 1

일을 깊이
고민한다는 것

많이 고민하기가 아니라 제대로 고민하기

"일을 할 때 고민을 깊게 하라고 합니다.
전 그 말이 뜬 구름처럼 모호하고
어렵게 느껴졌습니다."

무엇을 어떻게 고민해야 할까요?

일을 고민할 때, 다음 4가지에 집중해보세요.
뿌옇던 일이 조금씩 뚜렷해집니다.

맥락 모든 일의 시작은 맥락 파악부터
본질 가짜 이유에 속지 않는 것이 필요하다.
목표 개고생은 피하고, 제대로 평가받자.
콘셉트 그래서 한마디로 하면 뭐야?

깊이 고민해보라고?
뭘 더 어떻게
고민하라는 거야?

모든 일의 시작은
맥락 파악부터

콘텐츠만큼 중요한 맥락

얼마 전 점심을 먹다 이사를 가려고 집을 내놓았는데 집이 나가지 않아 골치가 아프다는 동료의 이야기를 들었습니다. 저의 경우 직장생활을 하면서 이사를 열 번 이상 다녔음에도 매번 금세 집이 나간 터라 그런 고민을 해본 적이 없었는데요. 문득 '우리 집은 왜 매번 쉽게 거래가 되었지?' 하고 궁금해졌습니다. '운이 좋았던 걸까'라고 생각했다가, 물론 심증이긴 하나 집을 보러 온 사람들에게 '맥락'을 강조한 제 전략(?)이 통했던 것은 아닐까라는 생각이 들었습니다.

　살짝 소개해보면 이렇습니다. 우선 여느 집과 마찬가지로 집을 보러 온다는 사람이 있으면 최대한 깨끗하게 집을 정리합니다. 여기에 더해 부동산에 집을 보러 오는 사람들에 대한 정보를 확인해둡니다. 예를 들어 우리 집을 보러 오는 사람은 누구인지, 이사하는 이유는 무엇인지(아이의 학교 때문인지, 직장 때문인지, 가족 근처로 이사 오기 위해서인지) 등에 대해 부동산에 살짝 물어보는 것이지요. 그리고 이 정보들에 착안해서 맞춤형 어필 포인트를 미리 생각해두고, 집을 둘러보는 10분 남짓한 짧은 시간 안에 깨알같이 홍보했습니다.

초등학생 자녀가 있다면, 다른 동에 비해 우리 동에서 초등학교까지 등굣길이 얼마나 편하고 빠른지 (상상이 가능하도록) 구체적으로 얘기합니다. 만약 중·고등학생이 있는 가족이라면 저희 아파트 라인의 명문대 다니는 친구 얘기도 슬쩍 건네봅니다(명당 느낌을 더한다고 할까요). 반면에 어르신들이 집을 보러 오시면 거실에서 보는 공원 뷰가 얼마나 멋진지, 집에서 등산길까지 얼마나 가까운지 말씀드렸습니다. 규격화된 아파트처럼 집(콘텐츠) 자체가 크게 차이가 없다면, 이러한 전략(콘텍스트)은 꽤 효과가 좋았던 것 같습니다.

일상생활에서 뿐만 아니라 회사 생활에서도 맥락 정보를 활용하는 것은 매우 중요합니다. 일반적으로 기업에서는 RFP^{Request of Proposal}(제안서 작성 및 제출을 요청하기 위한 문서)를 통해 행사나 프로젝트 진행을 함께할 파트너사를 선정합니다. RFP를 받은 업체 가운데서 입찰에 참여할 업체는 제안서를 보내오는데, 간혹 RFP에 기술한 프로젝트의 진행 배경과 같은 맥락은 모두 무시한 채 정말 신박한 아이디어로 무장한 제안서를 보내오는 경우가 있습니다.

제안서를 평가하는 가장 중요한 요소는 RFP에 적힌 프로젝트의 맥락을 얼마나 정확하게 이해했는지, 그리고 이 맥락을 바탕으로 한 제안의 경쟁력입니다. 맥락을 건너뛴 채 아이디어만 쌈박하게 제안한 회사와는 당연히 함께 일을 할 수가 없게 됩니다.

채용 면접도 마찬가지입니다. 보통 채용 공고에는 회사에서 신규 인력을 채용하게 된 계기, 회사가 원하는 인재상, 회사가 추구하는 경영철학 등이

입찰공고 예시

목차

담겨 있습니다. 채용담당자가 이러한 것들을 채용 공고문에 녹여내기 위해 얼마나 고민하며 문장을 만들었을지 눈에 훤합니다. 이렇게 작성된 공고문을 제대로 숙지하고 온 지원자와 그렇지 않은 지원자의 차이는 큽니다. 어떤 친구들은 공고문을 한 땀 한 땀 공부하고 이것을 자신의 스토리와 연결시켜 본인이 얼마나 회사에 적합한 인재인지를 강조합니다. 반면 회사와는 관계 없는 자신의 강점이나 취업 의지만 강조하는 경우도 많습니다. 이런 친구들의 면접 결과는 당연히 좋을 수가 없습니다.

채용공고 예시

주식회사 ○○○는 좋은 생각이 좋은 디자인을 만들고 보다 좋은 세상을 만들어간다고 믿습니다. 우리로 인해 바뀌어 갈 따뜻한 디지털 세상이 우리 회사가 만들어갈 세상입니다. UI/UX 개발 분야의 끊임없는 도전을 위해 우리 회사와 함께할 새로운 인재를 아래와 같이 모집하오니 많은 관심과 지원 바랍니다.

그냥 하거나, 맥락부터 파악하거나

일에 대한 업무 지시를 받으면 가장 먼저 일의 맥락을 파악하는 것부터 시작해야 합니다. 간혹 업무 지시를 받자마자 노트북을 켜고 파워포인트를 실행하고, 문서 첫 장에 업무 지시부터 입력하는 후배가 있습니다. 일에 의욕을 가지고 신속하게 진행해보려는 의지는 좋지만, 이러한 업무 방식은 시행착오를 거치며 일을 더디게 해결하는 요인이 되기도 합니다.

속도보다 중요한 것은 방향입니다. 회사에서 하는 모든 일에는 '배경'이 있는데 이 배경, 즉 '일의 맥락'을 알고 하는 것과 그렇지 않은 것은 큰 차이가 있습니다. 일의 맥락을 제대로 파악하지 않으면 일의 시작점을 잘못 잡기 쉽고, 결국 뒤에 가서 일을 다시 해야 경우가 빈번하게 발생하게 됩니다.

맥락에 따라 일의 방향이 어떻게 달라지는지 사례를 통해 살펴보겠습니다. 팀장이 여러분에게 다음과 같은 업무 지시를 합니다.

"김 대리, 올해 채용 예정 인원 체크해서 내년도 신입사원 교육 프로그램 개선 계획 초안 좀 정리해보지?"

상황 1

HR 임원회의에서 최근에 경영실적이 좋지 않다는 이슈가 제기되면서 HR 차원에서도 비용 절감이 필요하다고 논의되었습니다. 그런 상황에서 HR담당 임원은 내년도 신입사원 교육은 어떻게 할지 준비되고 있는지 물어봅니다. 팀장은 곧 정리해서 다음 주에 보고하겠다고 말씀드리며 회의를 마쳤습니다. 회의를 마치고 나서, 여러분에게 신입사원 교육 개선 계획 초안을 준비해보라고 지시합니다.

상황 2

HR 임원회의에서 최근 AI 관련 개발인력 확보에 IT 기업 간 경쟁이 치열하다는 이슈가 제기되었습니다. 채용 경쟁력을 확보하는 게 중요한 상황에서 HR담당 임원은 내년도 신입사원 교육은 어떻게 할지 준비되고 있는지 물어봅니다. 팀장은 곧 정리해서 다음 주에 보고하겠다고 말씀드리며 회의를 마쳤습니다. 회의를 마치고 나서 여러분에게 신입사원 교육 개선 계획 초안을 준비해보라고 지시합니다.

그런데 팀장이 이 업무를 지시하기 직전에 참석한 HR 회의에서 서로 다른 상황이 있었다고 가정해봅시다. 팀장은 분명 같은 업무를 지시했지만, 그 일의 맥락에 따라 팀장이 기대하는 일에 대한 방향과 우리가 준비해야 할 방향은 크게 달라지게 됩니다.

이렇게 말이지요.

**상황 1
방향**

최근 경영실적 악화로 회사의 비용 절감에 대한 논의가 되고 있던 상황이었다면?

▶ 신입사원 교육에서 달성하려는 효과는 그대로 유지하면서, 평균 인당 교육비를 최적화할 수 있는 방안(이때 교육 효과는 유지한다는 건 기본)

**상황 2
방향**

경쟁사에서 인재확보 차원에서 홍보하는 대응 차원에서 논의가 되고 있던 상황이었다면?

▶ 경쟁사 대비 신입사원이 성장하는 데 최고의 회사라는 메시지를 줄 수 있는 교육 프로그램 기획

사실 일의 맥락은 팀장이 업무 지시를 할 때 자세히 설명해주어, 업무 지시를 받은 사람이 일의 방향을 잘 잡을 수 있도록 해주는 것이 베스트입니다. 하지만 현실은 어떤가요? 늘 바쁜 팀장은 앞뒤 맥락은 다 건너뛰고 일만 딱 지시하고 또 다른 회의에 들어갑니다.

특히 우리나라처럼 고맥락^{High Context} 사회[●]에서는 업무 맥락을 파악하기 위해 일을 하는 사람이 꽤 애를 써야 하는 경우가 많습니다. 당연히 우리 입장에서는 볼멘소리가 나올 수밖에 없습니다.

"지시하신 일이 궁금해서 물어보면, 저희 팀장님은 고민도 안 해보고
　물어본다고 화부터 낸다고요!"

"저희 팀장님도 내향적인 성격이고, 저도 소심한 편이라 자세히 여쭙
　기가 어려워요."

"팀장님이 하시는 말씀이 잘 이해가 안 되도 제가 잘 알아듣지 못하
　는 것 같아서 그냥 일단 일부터 시작하곤 해요."

한 후배가 저에게 상담했던 고민입니다.

"팀장님께서 이번 신제품 프로모션 진행 계획을 짜보라고 하셨는데,
　도무지 어디서부터 시작해야 할지 모르겠어요. 업무 지시를 정확하
　게 파악해야 일을 할 수 있을 것 같은데 팀장님께 여쭤보기에는 벌
　써 시간도 꽤 지난 것 같고, 그것도 하나 제대로 이해하지 못했느냐
　고 야단치실 것 같아서 걱정이 됩니다. 저는 어떻게 해야 할까요?"

　후배의 고민에 대한 제 조언은 '더 이상 시간을 끌지 말고 지금이라도 정
리해서 질문하라'였습니다.

---

* **고맥락 사회**: 문화인류학자 에드워드 홀(Edward T. Hall)이 1959년 저서인 침묵의 언어에 처음 소개한 개념. 고맥락 문화와
저맥락 문화란 문화에 따라 다르게 나타나는 커뮤니케이션 유형을 의미하는 개념이다. 고맥락 문화에서 의사소통은 대부분
의 정보가 물리적 맥락 속에 있거나 발화자들에게 내면화되어 있으며, 명시적으로 전달되는 정보의 양이 매우 적다. 반면 저
맥락 문화에서의 의사소통은 대부분의 정보가 명시적인 부호의 형태로 전달된다.

일의 맥락을 모르고 이렇게 서렇게 기획안을 만들어본들 아웃풋이 살 나올 리 없습니다. 지금까지 고민한 부분을 정리해서 고민되는 부분과 더 알고 싶은 부분을 솔직하게 질문하는 것이 최선입니다. 물론 왜 이제야 묻느냐고 핀잔을 들을 수는 있지만, 일을 잘 진행할 수는 있습니다.

우리가 팀장을 바꿀 수 없습니다. 언젠가 기회를 봐서 업무 지시 방식에 대한 의견을 말하는 것은 당연히 필요하다고 생각합니다. 그렇다면 우리는 계속 이렇게 답답하게 일을 해야 할까요? 먼저 업무 맥락을 파악하기 위해 할 수 있는 몇 가지 방법을 말씀드리겠습니다.

내가 정리한 맥락이 맞는지 확인받는다

1. 일단 내가 파악한 부분을 확인한다.
"제가 이렇게 파악해서 이렇게 해보려 하는데 맞을까요?"
▶ 팀장) 잘못 파악했다면 수정해준다.

2. 이해가 안 되는 부분을 확인한다.
"말씀해주신 내용 중에서 이 부분은 이렇게 이해하면 될까요?"
▶ 팀장) 잘못 이해했다면 다시 설명해준다.

3. 일을 진행하는 데 추가적으로 알아두면 좋을 부분을 확인한다.
"이 일과 관련하여 이런 자료조사를 해보려 하는데 어떠세요?"
▶ 팀장) 방향이 잘못됐다면 바로 잡아준다.

관련된 정보를 최대한 모아본다

- 해당 업무에 대한 히스토리나 회사의 이슈들을 파악해서 여러 가지 맥락을 추측해본다.
- 업무 지시가 있었던 전후의 상황에 대해 파악해본다.
- 관련 업무를 하는 부서에서 최근 진행되고 있는 일이 무엇인지 파악해본다.

업무 맥락을 잘 파악하게 되면 스트레스와 삽질이 줄어드는 것은 물론, 상사와의 커뮤니케이션이 무척 편해집니다. 상사 역시 지시한 업무가 잘 진행되고 있는지 역으로 파악하지 않아도 되니 안심이 됩니다. 선순환의 시작인 셈이지요.

모든 일에 정답은 없습니다. 참고는 하되, 여러분의 조직 내 분위기나 상사의 스타일을 고려해서 자신만의 노하우로 만들 수 있는 방법을 찾아보기 바랍니다.

TMI

좀 더 넓은 관점에서, 일의 맥락을 파악하기 위한 습관

1. 경영진의 메일은 별도로 클리핑^{Clipping}해두기

2. 팀장의 업무 지시 메일은 별도로 클리핑해두기

3. 유관 부서에서 진행되는 주요 프로젝트에 대한 정보들 알아두기

4. 자사 관련 언론 기사는 매일 시간을 내서 읽어두기

5. 인트라넷의 주요 공지사항은 놓치지 않고 읽기

가짜 이유에
속지 말아야 한다

고등학생 때 저는 광고기획자나 방송국 PD가 되고 싶었습니다. 딱히 이유가 있다기보다 그냥 멋져 보였다고나 할까요. 물론 현실은 점수에 맞추어 지원해야 했지만요. 지원대학과 학과를 고민하던 중에 저희 과 전공 소개에 [졸업 후 진로] 중 하나로 '교육방송국 PD'가 적힌 것을 보고 '이거다!' 싶어 선택했습니다. 다행히 합격했지만, 막상 입학해보니 제 성향과 전공이 맞지 않아 꽤 방황했습니다(만약 계절학기와 재수강이 아니었다면 제 최종 졸업성적표에는 대부분의 전공 학점이 C로 남아 있었을 것입니다). 그러다 대학교 4학년 전공과목으로 '퍼포먼스 컨설팅Performance Consulting'이란 수업을 듣게 되었는데, 어라? 너무 재미있는 겁니다.

이 수업을 계기로 기업 교육에 관심이 생기게 되었고 20년 넘게 HRD 업무를 하고 있으니 제게는 그 의미가 남다릅니다(10년 뒤쯤, 이 수업의 전공과목

교재를 서술한 로빈슨 부부를 HRD 컨퍼런스에서 만나뵙고 인사도 나눴으니, 어쩌면 전 성공한 덕후일 수도 있겠습니다). 이 수업에서 다뤄진 인상 깊었던 사례 하나를 소개해드립니다.

A 은행 ○○지점에서 고객 컴플레인이 지속적으로 유입되자,
교육팀에 CS 교육 요청이 들어왔습니다.

교육팀에서는 CS교육을 만들기 위해 ○○지점의 직원들을 대상으로 인터뷰를 진행했습니다. 우선 직원들의 고객지향 마인드나 상담 스킬이 부족한 것인지 아닌지 살펴보았습니다. 하지만 그 부분에서는 특별한 문제점을 발견할 수 없었습니다.
몇 번에 걸쳐 인터뷰를 진행한 결과, 일련의 상황의 원인은 '아침 조회' 때문이라는 사실을 파악하게 되었습니다. 아침조회 때문에 CS가 발생했다? 전후 사정은 이랬습니다.

본사에서 지점별 상품판매 실적 압박이 내려오자 지점장은 매일 아침마다 직원을 모아놓고 조회를 했습니다. 이때 전날 상품 판매 실적을 브리핑하며 심한 잔소리까지 함께 했던 것이지요. 직원들의 고객응대 스킬이나 마인드 문제가 아니라, 아침부터 실적에 대해 지적받은 직원들 입장에서는 고객들을 좋은 마음으로 응대할 수 없었던 것이었죠.

교육팀은 CS 교육 대신 지점장에게 아침조회를 없앨 것을 권유했고, 자연스럽게 이 지점의 컴플레인도 사라지게 되었습니다.

CS 유입의 진짜 원인은
'아침조회' 탓

만약 교육팀에서 ○○지점의 요청대로 CS 교육을 진행했다면 어땠을까요? 직원들의 CS 마인드나 스킬의 문제가 아니었기 때문에 교육 효과가 없음은 물론이고, 교육 프로그램을 실시한 후에도 CS 유입 건수는 여전히 줄지 않았을 것입니다. HRD 담당자는 조직의 성과를 끌어올릴 수 있는 퍼포먼스 컨설턴트가 되어야 합니다. 이를 위해서는 해결해야 할 이슈의 본질을 제대로 파악하고, 그에 맞는 방법을 취하는 것이 중요하다는 것이 이 사례의 요지입니다.

저희 회사에서도 이와 유사한 사례가 있었습니다.

직원들의 기술 경쟁력을 한 차원 끌어올리고자 기술 교육의 전반적인 개편을 검토할 때였습니다. 처음에는 직원들이 받고 싶은 교육이 무엇인지 알아보는 데 방점을 두고 인터뷰를 진행했습니다. 그런데 미처 생각하지 못한 얘기들을 듣게 되었습니다.

우선 기술 트렌드가 워낙 빠르게 변화하다 보니, 교육 과정이 개발되고 실제 교육이 이뤄지는 시점에서는 이미 교육 콘텐츠가 구식Outdated이 되는 경우가 많았다고 합니다. 또 내부 직원들 자체가 이 분야에서는 상당한 전문가이다 보니, 외부 강사의 강의로는 직원들이 원하는 수준의 교육을 받을 수 없다는 것이었습니다. 오히려 동료들끼리의 스터디가 도움이 된다고 말이지요. 인터뷰를 진행하면서 기술 교육으로는 직원들이 원하는 타이밍에, 원하는 수준의 내용을 전달할 수 없다는 결론에 이르게 되었습니다.

결국 기존 방향을 바꾸어 교육이 아닌 '기술 스터디 지원'으로 과제를 변경했습니다. 기술 트렌드를 공부하고 싶은 직원들이 필요한 타이밍에 원하는 형태로 스터디 모임을 만들고, HR 부서에서는 필요한 자원(전문가, 교재 등)을 지원해주는 것이지요. 반응은 물론 참여도도 무척 좋았습니다.

만약 원래 계획대로 기술 교육을 했다면 어땠을까요? 교육은 진행되었지만, 결국 직원들이 기술 역량 개발이라는 궁극적인 목적은 달성되지 못했을 것입니다.

앞서 사례처럼 우리가 일을 잘, 제대로 하기 위해서는 '일을 하는 것' 자체에 집중하는 것이 아니라 이 일을 해야 하는 '이유'에 집중해야 합니다. 한마디로 '일의 본질'을 정확하게 파악하는 것이지요. 여러모로 맞는 말이지만 가장 어려운 일이기도 합니다.

그럼 일의 본질을 질 고민하기 위해서는 어떻게 해야 할까요?

의심하기: 일에 있어서 당연한 것은 없다

혹시 100% 당연하다고 여겼던 생각이 사실과 전혀 달라 당황했던 경험이 있으신가요? 제 경우는 〈단어로 읽는 5분 한국사〉라는 네이버 오디오클립에서 '개판 5분 전' 편을 들었을 때가 그랬습니다. 저는 '개판 5분 전'이란 개들이 이리저리 뛰어다니며 난리를 치는 모습을 빗댄 말로 여기서 '개'는 당연히 동물 개(犬)를 의미한다고 생각했습니다. 하지만 실제 '개판 5분 전'의 '개'는 '열 개(開)' 자로, '솥뚜껑을 열기 5분 전'이라는 뜻이라는 것입니다. 아마 저처럼 생각하신 분도 꽤 있을 것입니다.

이유를 알려면 한국전쟁까지 거슬러 올라갑니다. 한국전쟁 당시, 배고픈 주민들을 위해 주한 미군은 가끔 큰 솥이나 드럼통에 음식을 끓여 사람들에게 배급했다고 합니다. 음식이 보급되는 날이면 사람들은 음식을 받으려고 줄을 길게 섰는데, 뚜껑을 열기 직전에는 서로 먼저 음식을 받으려고 북새통이 연출된 것이지요. 바로 이 모습에서 뚜껑을 열기 5분 전을 의미하는 '개판 5분 전'이라는 말이 만들어졌다고 합니다.

일에 대해 고민하는 데 있어 경계해야 하는 생각은 바로 '의심하지 않는 것'입니다. 의외로 우리는 알게 모르게 우리가 하는 행동이나 주변의 현상에 대해 별 생각 없이 받아들이는 경우가 많습니다. 또 우리가 하는 것들에 대해서는 꽤 관대한 마음으로 바라보곤 합니다. 예를 들어 이런 식입니다.

- (피상적으로) 불편하다고 하니, 불편한 것만 제거해주면 되지 않겠어?
- (원래 그랬으니까) 지금까지 그렇게 해온 데는 다 이유가 있지 않겠어?
- (누군가에겐) 그래도 없는 것보다는 좋잖아? 누군가는 필요해서 사지 않을까?

하지만 일을 하는 진짜 이유를 찾기 위해서는 일을 당연하게 받아들이지 않고 계속 의심하며 따져보는 태도가 필요합니다. 이렇게 말이지요.

- 이렇게 개선하면 진짜 편해질까?
- 지금까지는 그렇게 해왔지만, 여전히 그게 맞을까?
- 이 물건을 살 사람들은 누굴까? 그 사람이 이 물건을 사는 이유는 뭘까?

내 경험에서 나온 익숙한 사고의 틀에서 문제를 바라보면 본질적인 이슈를 놓칠 수 있습니다. 저 역시 언젠가 "지금까지 이렇게 해왔는데요?" "지난 번에는 그러셨잖아요" "지난번에는 이렇게 해서 성공했는데…"라고 팀장에게 말했다가 "그렇게 기계적으로 일해서 되겠어?"라는 핀산을 들은 석이 있습니다.

일의 진짜 이유를 찾기 위한 시작은 별다른 비판 없이, 피상적으로 파악하는 습관에서 벗어나는 것입니다.

- 일반적으로 통용되는 상식을 의심해보기
- 관례적으로 진행되는 일들을 다르게 할 수 없을지에 대해 생각해보기
- 우리 부서가 아니라, 다른 부서에서 한다면 어떻게 할지 생각해보기
- 이 일을 전혀 모르는 사람이 한다면 어떻게 할지 생각해보기

좀처럼 잘 드러나지 않는 본질, 끈질긴 질문으로 끄집어내기

언젠가 강연에서 이런 질문을 받은 적이 있습니다.

"바흐는 음악의 아버지, 헨델은 음악의 어머니라고 부르는데, 혹시 왜 그런지 아는 분 계시나요?" 클래식 알못인지라 잠시 당황했지만, 음악 시험 공부를 하며 나름 머리를 써서 암기해놓은 덕에 아직 '바흐=음악의 아버지, 헨델=음악의 어머니'를 기억하고 있습니다. (일반적으로 우리는 '아버지, 어머니' 순으로 말하는 것에 익숙하니 한글 자음 순서에 따라 'ㅂ'으로 시작하는 바흐가 아버지, 'ㅎ'으로 시작하는 헨델은 어머니, 이렇게 외웠던 것이지요.) 하지만 질문을 받고서는 한 번도 그 이유에 대해 궁금해하지 않았다는 사실에 꽤 부끄러웠습니다.

이를 초록 검색창에 검색하면, 재미있는 대답을 볼 수 있습니다.

Q. 헨델은 남자인데, 왜 음악의 어머니라고 하나요?

A. 아버지가 2명이면 큰일이잖아요!

실제 바흐와 헨델은 1685년에 태어난 동갑내기로 바로크 시대를 이끌었다는 공통점이 있지만, 동시에 음악적 성향, 집안 배경, 생전의 평가 등에서 무척 대조적이었다고 합니다. 아마도 이런 대조성을 각각 아버지와 어머니로 대비시켰을 것입니다. 특히 바흐는 엄격하게 정제된 기악곡과 신(神)에게 헌신하는 종교음악을 주로 작곡한 데 반해, 헨델은 큰 무대에서 청중들을 열광시키는 오페라와 화려한 기악곡을 주로 작곡했습니다. 치밀하고 논리적인 바흐의 음악에 비해 헨델 쪽이 좀 더 부드럽게 느껴졌기에 바흐를 '음악의 아버지', 헨델을 '음악의 어머니'라고 칭한 것이 아닐까요?

여러 이유로 우리는 '왜'라는 질문에 인색합니다. 하지만 우리가 일을 잘하고자 한다면 '왜'라는 질문을 하되, 그 답을 찾을 때까지 끈질기게 질문을 '반복'해야 합니다. 본질을 찾는 방법 중 하나로 가장 많이 얘기되는 방법으로 '도요타 기법' 혹은 '5 Why 기법'이 있습니다. 도요타가 세계적인 기업으로 발돋움하는 데 주효했던 전략 중 하나로 종종 언급되는 '5 Why 기법' 역시 반복된 질문법의 형태라고 할 수 있습니다.

예를 들면 이렇습니다. 도요타의 자동차의 생산라인이 갑자기 멈추었다고 가정해보겠습니다.

"기계가 갑자기 멈추다니, 왜지?"

▶ 조사 결과 전력 과부하로 인해 전원 퓨즈가 끊어졌다는 일차적인 답을 얻었습니다. 만약 여기서 끝났다면 단지 전원 퓨즈만 교체하면 문제는 해결될 수 있습니다.

"전원 퓨즈가 끊어질 정도로 전력 과부하가 왜 발생했지?"

▶ 전기팀과 원인을 살펴보니, 기계 작동을 담당하는 축의 베어링이 뻑뻑해지면서 전력 과부하가 생겼다는 것을 알 수 있었습니다.

그럼 베어링만 교체하면 문제가 해결될까요? 한 번 더 질문해봅니다.

"베어링은 왜 뻑뻑해졌을까?"

이렇게 질문을 반복하면서, 베어링이 뻑뻑해진 이유는 '윤활유 펌프'에 문제가 있었고, 보다 근본적으로 윤활유 펌프에 먼지가 쌓였기 때문이라는 것을 알게 되었죠. 앞서 살펴본 은행의 CS 컴플레인 사례와 마찬가지로 보이는 피상적인 이슈, 즉 전원 퓨즈만 교체했다면 얼마 못 가서 고장은 또 발생했을 것입니다.

일을 잘하는 친구들은 공통적으로 '왜'라는 질문을 집요하게 던집니다. 제 경험상 '5'라는 숫자에 너무 얽매일 필요는 없습니다. 사실 회사에서 업무를 할 때 카운팅해가며 질문했던 적은 없었거든요.

여러분이 지금 하고 있는 일에 '왜?'라는 질문을 던져보세요. 중요한 것은 '문제의 진짜 원인은 이거야!' '진짜 해결해야 할 대상은 이거구나!'라는 확신이 들 때까지 지치지 않고 질문하는 것입니다.

가짜 이유에 속지 않기 위해 필요한
제로베이스 사고

그럼 질문만 계속하면 일의 본질을 찾을 수 있을까요? 이미 경험으로 알고 있듯이 일의 본질을 찾아가는 과정은 지난하고 만만치 않습니다. 가끔 일을 하다 보면 하나의 생각에 매몰되어 좀처럼 생각을 발전시키지 못하고 쳇

바퀴를 도는 경우가 있습니다. 맞는 방향으로 고민하는 건지 판난조차 안 서는 느낌이 들곤 하지요. 이런 순간들은 일의 중간중간, 혹은 일이 어느 정도 완성된 시점에도 찾아옵니다. 제 경험상 이럴 때 가장 좋은 해결책은 바로 일을 진행하기 이전의 상태, 즉 백지 상태로 잠시 생각을 되돌리는 것입니다. 흔히 '제로베이스 사고'라고도 하지요. 제로베이스 사고를 하기 위해 제가 활용하는 방법들을 소개해보고자 합니다.

펼치고, 쪼개고, 다시 들여다보기

"어떤 제품을 쪼개고 또 쪼개고 난 뒤에 이를 조합(조립)하면 그 안에 들어있는 물리법칙을 새롭게 발견할 수 있다." 테슬라의 CEO 일론 머스크의 인터뷰 내용 중 일부입니다. 기사를 읽으면서 '맞아, 맞아' 하며 고개를 끄덕였는데, 이 방법은 제가 과제를 어디서부터 어떻게 고민해야 할지 잘 모르겠다 싶을 때 주로 활용하는 방법과 비슷합니다.

우선 과제를 그대로 적습니다. 다음으로 과제에 포함된 단어를 하나하나 쪼개어 뜯어보는 것입니다. 가장 기본으로 쪼개서 꼬리에 꼬리를 물고 생각을 진행시켜나가면, 그전에는 보이지 않았던 새로운 관점들이 보이게 됩니다. 예를 들어 이렇게 말입니다.

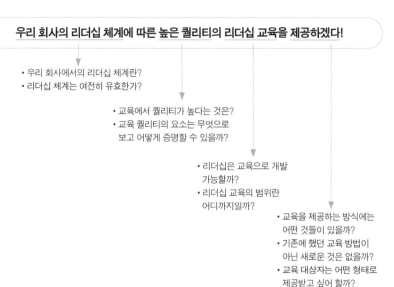

우리 회사의 리더십 체계에 따른 높은 퀄리티의 리더십 교육을 제공하겠다!

- 우리 회사에서의 리더십 체계란?
- 리더십 체계는 여전히 유효한가?

- 교육에서 퀄리티가 높다는 것은?
- 교육 퀄리티의 요소는 무엇으로
  보고 어떻게 증명할 수 있을까?

- 리더십은 교육으로 개발
  가능할까?
- 리더십 교육의 범위란
  어디까지일까?

- 교육을 제공하는 방식에는
  어떤 것들이 있을까?
- 기존에 했던 교육 방법이
  아닌 새로운 것은 없을까?
- 교육 대상자는 어떤 형태로
  제공받고 싶어 할까?

이렇게 단어 하나하나를 쪼개 나가다 보면, 뭉쳐 있던 생각들이 고민 가능한 상태로 분리됩니다. 그리고 각각에 질문을 해나가다 보면 점차 과제와 관련된 보다 근본적인 이슈에 다가설 수 있게 됩니다.

다른 사람의 태클 방어해보기

한 중소기업의 대표로 있는 선배에게 들은 얘기입니다.

그 선배는 어떤 보고를 받든지 일단 태클부터 걸어본다고 합니다. 그렇게 태클을 걸면 반응은 두 가지로 나뉘는데 어떤 사람은 "네, 다시 고민해오겠습니다"라고 바로 물러서고, 어떤 사람은 "그 사안에 대해서는 이렇게 저희

끼리 고민해보았는데요"라고 말한다고 합니다. 자신의 태클에 대한 반응을 보면, 담당자가 이 일에 대해 어느 정도로 깊이 고민했는지 대략적으로 알 수 있다고 말이지요. 저는 보고할 때마다 계속 '태클'을 거는 리더를 보면 '왜 나만 미워하는 걸까?'라는 생각이 들었는데, 선배의 얘기를 들으니 리더들 나름의 노하우일 수도 있겠다 싶었습니다.

일을 기획하거나 일이 잘 안 풀릴 때, 제가 사용하는 두 번째 방법은 함께 일하는 동료에게 태클을 걸어 달라고 요청하는 것입니다. 제 생각을 동료들에게 쭉 얘기하면서 말이 안 되는 지점이나 걸리는 부분, 잘 이해가 안 되는 지점들에 대해서 질문해달라고 말이지요.

"그게 진짜 문제 맞아요?"
"그렇게 한다고 진짜 그게 해결될까요?"
"뭘 하고 싶다는 건지 잘 모르겠는데요?"

동료의 날 선 태클에 답하다 보면 미처 생각하지 못한 논리의 모순점을 발견하거나, 문제의 본질에 좀 더 다가갈 수 있게 됩니다.

고객에 빙의해보기

얼마 전, 중학생 딸과 친구들이 저마다 좋아하는 아이돌의 소속사에 대해

'이 회사는 일을 잘하고, 이 회사는 일을 못한다'라는 얘기를 나누는 것을 들었습니다. 학생들이 일 얘기를 하니 솔깃해서 자세히 들어보았습니다.

코로나19로 예정된 콘서트가 모두 취소되자, 팬커뮤니티에 콘서트 취소 공지가 올라왔다고 합니다. 요점은 이랬습니다. '이러저러한 사유로 어쩔 수 없이 콘서트를 취소하게 되었다. 상황이 좋아지는 대로 콘서트를 재개하겠다.' 언뜻 보기에도 큰 문제가 없어 보였습니다.

하지만 딸과 친구들의 얘기는 달랐습니다. 팬들은 밤새 티켓팅 사이트에서 이선좌(이미 선택된 좌석)를 수천 번 봐가며 어렵사리 티켓팅에 성공했는데, 정작 '팬들의 안타까움에 대한 공감'과 '이미 예약한 표에 대한 처리는 어떻게 되는지'에 대한 내용은 공지에 없었다는 것이지요. 저는 공지를 작성한 담당자의 마음으로 "지금은 모든 상황이 불확실하기 때문에 어떠한 약속도 할 수 없어서 그렇게 밖에 쓸 수 없었던 게 아닐까"라고 얘기해주었지만 전혀 공감이 안 되는 것 같았습니다.

'코로나19로 콘서트가 취소된 상황을 이해하지 못하는 것도 아니고, 확답을 바라는 것도 아니다. 다만 이 공지는 팬들에게 하는 것이 아니냐. 팬들에게 공지하면서 자신들의 이야기만 하고 팬들의 입장에서 궁금한 것들에 대해 전혀 언급하지 않는 것은 일을 잘하는 게 아니다'라고요.

얘기를 듣고 나니 이제야 저도 담당사의 입장이 아닌 팬의 입상으로 전환되면서 고개가 끄덕여지게 되었습니다. 정말 공지를 그렇게 작성했더라면 소속사의 입장에서 해야 할 이야기를 하면서도 팬들도 공감하는 공시문이 되었겠구나 하고 말이지요.

내 일로 보면 잘 보이지 않는 것들이 고객의 입장으로 빙의해 다시 바라보면 보이는 것들이 있습니다. 저는 행사 리플렛을 일차적으로 작성하고 난 뒤에 바로 인쇄하지 않습니다. 잠시 시간을 가진 뒤, 실제 제가 행사장에서 이 리플렛을 받아들었을 때를 상상하며 고객의 관점에서 읽어보면 어색한 문장, 오타, 불필요한 문장들이 수두룩한 것을 볼 수 있습니다.

지금까지 말씀드린 몇 가지 방법은 제가 업무를 하면서 종종 활용하는 노하우지만, 정답이라고 할 수는 없습니다. 참고해서 여러분만의 더 나은 방법을 고안해보는 것도 좋겠습니다.

일의 본질을 제대로 파악했다는 생각이 들면, 어두웠던 터널을 빠져나온 것 같은 후련함, 일이 잘 될 것 같은 두근거림, 빨리 해보고 싶은 설렘이 느껴집니다. 낚시의 손맛처럼, 이 맛에 일하는 거 아닐까 싶은 생각이 들죠. 여러분에게도 그 설렘과 두근거림의 경험이 앞으로 차곡차곡 쌓일 것입니다.
밀어보세요!

개고생은 피하고,
제대로 평가받자

'목표와 목적'이라는 단어를 볼 때면 떠오르는 기억이 있습니다. 예전에 일하던 기업연수원에서는 새로 신입사원이 입사하면 통과의례처럼 하나의 주제를 정해 연구하고 이 결과를 선배들 앞에서 발표하는 시간을 가졌습니다. 여느 때처럼 새로 입사한 한 신입사원이 연구 주제 발표를 하던 중이었는데, 시니컬하기로 소문난 선배가 한마디 했습니다.

"목표와 목적의 차이가 뭐죠?"

(당황한 후배는 버벅거림)

"아니, 그것도 모르면서 어떻게 스터디를 하나요? 지금 이 발표는 목표와 목적을 헷갈린 내용이에요!"

제가 질문을 받았던 것도 아닌데, '나는 제대로 알고 있나?' 싶어 바로 검색했던 기억이 납니다.

목표와 목적은 두 가지의 밀접한 상호관계성 때문에 헷갈리기 쉽습니다. '목적'은 어떤 일을 통해서 궁극적으로 이루고 싶은 것이나 방향을 의미한다면, 목표는 목적으로 가는 중간 단계로 '도달해야 할 지점'들이라고 할 수 있습니다. 목표를 단계적으로 달성해야 목적을 이룰 수 있게 되지요.

앞서 우리가 살펴본 일의 본질은 '일의 목적'이 됩니다. 그리고 이 일의 목적을 달성하기 위한 중간 이정표는 '일의 목표'가 됩니다. 우리는 일을 할 때 일의 목적과 목표를 따로 생각하는 것이 아니라, 하나의 패키지로 생각해야 합니다. 목표는 목적을 위해 존재하기 때문이지요.

$$\sum^{목표}=목적$$

저 역시 목적과 목표에 대해 피드백을 받았던 경험이 있습니다. 참가자의 반응이 꽤 좋았던 프로그램을 운영한 후, 상위 리더에게 운영 결과를 보고했을 때였습니다. '프로그램에 참가한 사람들이 이렇게 좋은 반응을 주었다'라는 설문 결과를 잔뜩 담아서 보고했는데, 보고 후에 제가 받은 피드백은 이랬습니다.

"글쎄, 이 프로그램이 단순히 참가자 좋은 반응을 받자고 한 일이었나? 그리고 반응이 나쁘진 않지만, 내가 기대했던 목표 수준에는 못 미치는군…."

계획대로 팔리긴 다 팔렸는데
제품에 대한 반응이 그다지…

한방 맞은 느낌이었죠. 프로그램이 제대로 진행된 것도 아니고, 참가자들의 반응이 나빴던 것도 아닌데 좋은 피드백을 받지 못한 것은 제가 두 가지를 놓쳤기 때문입니다.

첫째, 프로젝트 목적에 대한 생각이 달랐는데, 이에 대해 합의하는 과정이 없었다.
둘째, 프로그램의 목표 수준에 대한 기대치가 달랐지만, 이에 대해 합의하는 과정이 없었다.

일 자체는 문제 해결을 위한 수단이고 여러 방법 가운데 하나입니다. 상사들이 관심을 가지는 것은 일을 통해 일의 목적이 제대로 달성되었는지 여부입니다. 이 목적부터 서로 달랐으니 저는 일을 잘했다고 볼 수 없겠지요.

또한 목적을 달성하는 기간을 누군가는 월별 목표로 이번 달 20%, 다음 달 30%, 세 번째 달 50%로 잡아 3개월 안에 달성하겠다고 할 수도 있습니다. 또 다른 누군가는 매달 50%씩 달성해서 두 달 안에 달성하겠다고 할 수 있습니다. 목표는 정하기 나름이지만, 중요한 것은 사전에 이 눈높이를 맞추고 합의하는 과정이 꼭 필요하다는 것입니다. 이런 과정이 생략되면 고생은 고생대로 하고 제대로 성과를 인정받기는커녕, 되레 쓸데없이 리소스나 비용을 지출했다는 핀잔을 들을 수 있습니다. 일을 한 만큼 제대로 인정받고, 제대로 평가받기 위해서 목표가 중요한 이유입니다.

회사에 따라 매년 말 혹은 매년 초, 각 조직에서는 차년도에 달성해야 할 목표가 포함된 사업계획을 세웁니다. 경영진에게 이 사업계획에 대한 컨펌을 받게 되면 한 해 동안 이 목표를 향해 열심히 달려가게 됩니다.

목표는 주로 정량적·정성적으로 기술되는데, 이 가운데 정량적 목표는 주로 이렇게 기술됩니다.

- ○○상품 연간 매출액 ○○억 원

- 서비스 MAU^{Monthly Active Users}(월간 방문한 순수 사용자 수) ○○만 명 달성

- ○○서비스 거래 금액 ○○억 원

- ○○년 ○○월까지 ○○플랫폼 오픈

또 다음과 같이 정성적인 목표로 기술되는 것도 있습니다.

- ○○프로그램을 통해 리더들의 리더십 역량 개발

- ○○사업 성공을 위한 시너지 극대화

- ○○분야 세계 최고 수준의 경쟁력 확보

(나의 성취감과는 별도로) 회사에서 일을 잘했느냐는 이 목표 달성의 유무로

평가받기 때문에 일의 목표는 매우 중요합니다. 여기서는 일반적인 목표를 세우는 방법(예: SMART 목표 수립: 구체적이고^{Specific}, 측정 가능하고^{Measurable}, 성취 가능하고^{Achievable}, 관련되고^{Relevant}, 시간적 범위를 고려하는^{Time bound} 등)에 대해서는 다루지 않으려고 합니다.

그것보다는 제 경험을 바탕으로 '일의 성과를 잘 그리고 제대로 인정받기 위해서는 어떻게 해야 하는가?'에 대한 이야기를 나눠보고자 합니다.

숫자 자체보다 숫자가 가지는 '의미'에 집중하기

매출 10억 원 달성이 담당자에게는 의미 있는 목표가 될 수는 있지만, 상위 리더의 입장에서는 의미 있는 목표 수준이 아니라고 생각할 수 있습니다. 목표를 정할 때는 숫자 자체보다는 숫자가 가지는 의미로 설득해야 합니다. 만약 현재 이 사업 분야에서 벌어들이는 평균 매출액, 올해 우리의 매출액 그리고 매출 10억 원을 달성했을 때 시장에서의 경쟁력을 함께 얘기한다면 어떨까요. 이제야 일의 목표로 10억 원이라는 숫자를 잡는 게 맞는지 서로 논의해볼 수 있게 되는 것이지요.

합의한 목표는 연말에 내가 얼마만큼 일을 제대로 했는지 평가할 수 있는 근거가 됩니다. 마찬가지로 살짝 팁을 알려드리면 성과 리뷰를 적을 때도 앞서의 의미를 강조하면 좋습니다. 예컨대 '연간 매출액 10억 원 달성으로 목표 수준 대비 110% 달성'이라고 적기보다 '매출액 10억 원 달성을 110% 초과 달성하여 당초 목표했던 시장점유율 3위에서 한 단계 올라선 2위 달성'처럼 의미를 강조하는 것이지요.

결과를 예측하여 의미 있는 목표 세우기

저는 일의 목표를 잡을 때 머릿속으로 '이 프로젝트가 마무리된 시점에 무엇으로 어필할지' 미리 생각해둡니다. 이때 결과 보고서에 담길 내용이나 홍보팀에 전달할 기사 내용을 구체적으로 상상해보면 도움이 됩니다.

그렇게 미리 이 프로젝트의 뒷단까지 가보면 이 프로젝트가 잘 되었을 때의 모습이 우리가 원하는 목표인지, 우리가 세운 목표가 잘 잡은 것인지, 이 결과가 상사가 원하는 목표 수준인지, 이 결과를 얻기 위해 투입될 리소스는 적정한지 등에 대해 보다 객관적으로 판단해볼 수 있게 됩니다.

나라서, 내가 해서 만들어낸 차별적인 경쟁력을 어필하기

종종 우리는 애써 일을 하고도 제대로 인정받지 못하는 경우가 많습니다. 흔히 신규 과제가 아닌 루틴한 운영성 업무라고 불리는 일들은 매번 평가에서 홀대받기도 합니다. 참 속상한 일이지요.

'내가 일을 선택해서 할 수 있는 것도 아닌데, 어떡하라고!' 이런 납납함을 느낄 수도 있을 것입니다. 사실 주니어일수록 맡게 되는 업무가 조직의 목표와는 조금 거리가 있을 수 있습니다. 특히 회사의 규모가 클수록 말이지요.

이런 경우, '다른 사람이 아닌 내가 했기 때문에' 혹은 '내가 맡아서 가능한 가치Value-added'는 무엇인지를 생각해서 적극적으로 어필해보는 것을 추천합니다. 일 자체로 승부를 보기 어려울수록 '내가 한 일이 이만큼 많아요'라고 적기보다 '제가 했기 때문에 이렇게 다르게 했습니다'라고 적어야 팀장의 입장에서 동일한 일을 해도 평가를 더 잘 줄 수 있는 포인트가 됩니다.

차별화된 경쟁력을 강조하는 포인트

- 내가 해서 절감되는 생산성
- 내가 해서 더해지는 효율성이나 스피드
- 내가 해서 달라지는 일의 퀄리티
- 내가 해서 얻어낸 업무 평판

예 1. 내 엑셀 스킬 덕분에 다른 사람에 비해 데이터 분석 업무를 훨씬 더 빨리할 수 있다.
  ▶ 기존 데이터 분석에 소요되는 시간을 20% 단축

예 2. 다른 사람들은 이슈별로 대응하는 데 급급하지만, 나는 이슈 대응에 대한 업무 히스토리를 매뉴얼화해서 업무 효율성을 높인다.
  ▶ ○○서비스 운영 히스토리 매뉴얼을 구축하여 이슈 발생 시 보다 신속하고 정확하게 대응

그래서
한마디로 하면 뭐야?

일의 이유와 핵심을

한 번에 알도록 만드는 콘셉트

'봄이 되니 산뜻하게 옷을 사고 싶은데…'라고 생각하는 사람이 있습니다. 마침 옷 가게들이 몰려 있는 길을 걷게 되었는데, 한 가게에는 '물량 대방출 30% 할인!'이라는 현수막이 걸린 가게가 있고, 한 가게에는 '두툼한 옷을 대신할 산뜻한 봄옷을 찾고 계신가요? 새봄맞이 봄옷 30% 할인 기회를 잡으세요!'라는 현수막이 걸린 가게가 있습니다.

여러분이라면 어느 가게에 먼저 들어가고 싶은가요.

고객이 이 제품을 '왜' 사야 하는지를 알려줄 때 우리는 고객의 마음을 움직일 수 있습니다.

사이먼 사이넥의 〈TED〉 강연인 'Stay with why-How great leader inspire action?(2013)' 영상은 한동안 'WHY' 열풍을 일으킬 만큼 큰 반향을 일으켰습니다(국내에서는 《나는 왜 이 일을 하는가Stay with Why》라는 제목으로 출판되었습니다). 그는 이 강연에서 '골든서클Golden Circle'이라는 개념을 통해 기업이 고객에게 제품이 아닌 'Why(이유)로 시작하는 커뮤니케이션을 해야 한다'고 강조했습니다.

"모든 회사는 고객에게 무엇을 어떻게 제공할지는 알고 있습니다.

하지만 '왜' 제공해야 하는지는 모릅니다.

'왜'는 돈이 아닙니다. 돈은 결과일 뿐입니다.

사람들은 상대가 무엇을 하느냐를 보고 사질 않습니다.

'왜'를 보고 삽니다.

같은 가치관을 공유하는 이들과 거래하는 것입니다.

당신의 '왜'를 말하면 거기에 동감하는 사람들을 끌어당길 수 있습니다. 일의 목적은 당신의 제품을 파는 게 아니라 당신의 신념을 나누는 것입니다."

_사이먼 사이넥

사이먼 사이넥은 '왜'를 잘 설명하는 기업으로 애플을 듭니다. 실제 'What'에서 시작하여 'How'로 이어지는 커뮤니케이션과 비교해볼 때 애플의 커뮤니케이션은 끌어당김에서 큰 차이가 있습니다.

Why ⇨ How

- 애플은 모든 면에서 현실에 도전합니다. 다르게 생각하라는 가치를 믿습니다(Why).

- 현실에 도전하는 하나의 방법으로 우리는 유려한 디자인 단순한 사용법, 사용자 친화적인 제품을 만듭니다(How).
- 그렇게 해서 훌륭한 컴퓨터가 탄생했습니다.
- 사고 싶지 않으세요?

What ⇨ How

- 애플은 훌륭한 컴퓨터를 만듭니다(What).
- 유려한 디자인에 단순한 사용법, 사용자 친화적 제품입니다(How).
- 사고 싶지 않으세요?

일의 이유(Why)부터 얘기하는 것이 얼마나 중요한지 알았다면, 이에 더해서 이 Why를 '매우 강력하고 단순하게' 커뮤니케이션하는 것을 고민해야 합니다.

여러 기업에서 일을 하면서 일을 잘한다고 평가받는 사람들의 공통점은 바로 앞서 고민한 'Why'를 단순하고 강력한 한마디, 즉 '콘셉트Concept'를 활용하여 설득한다는 것이었습니다. 이것은 일 잘하는 사람과 일을 잘 못하는 사람과의 '한 끗 차이'이기도 합니다.

광고나 배너를 한번 살펴보세요. 구구절절하게 얘기하지 않습니다. 일도 마찬가지입니다. 누군가에게 주절주절 설명하려는 순간 지루해지고 듣고 싶지 않게 됩니다. 간결하지만 임팩트 있게 설명하는 것이 필요합니다. 바로 콘셉트로 말이지요.

> 콘셉트(Concept)를 도출한다는 것은 광고하려는 제품에 명확한 성격을 부여하는 것인데 광고는 항상 소비자 지향적이기 때문에 '목표 소비자에게 제품의 성격을 명확히 부여하는 것'으로 정의할 수 있다. 즉 어떤 개념의 제품인지 소비자들에게 인식시키는 것이다. [출처: 네이버 지식백과]

일반적으로는 콘셉트 광고나 마케팅 분야에서 주로 다루어지는 개념입니다. 우리 모두가 마케터는 아니지만, 적어도 자신의 일에 대해서는 마케터가 되어야 합니다. '제가 하는 이 일은 이런 일입니다'라고 상대방에게 확실하게 각인시키기 위해, '이 일로 우리의 목표가 달성될 수 있어요'라고 명쾌하게 알려주기 위해서는 콘셉트가 필요합니다.

예를 들어 이렇게 말이지요.

• 누구나 아는 대상을 활용한 콘셉트

글로벌 푸드 시장에서 확실한 입지를 다져야 하는 상황

⇨ 글로벌 푸드 시장에서 BTS만큼의 팬덤을 확보하겠습니다.

- 정량적 숫자가 가지는 의미를 활용한 콘셉트

서비스가 성장 정체기에 직면하여 고민되는 상황

⇨ (해당 산업에서 마의 영역으로 언급되는 숫자를 들어) 올해 안에 1억 명 사용자를 확보하겠습니다.

- 시간의 흐름을 활용한 콘셉트

새로 진출한 사업에 대한 예산 지원을 받기 위해

⇨ 작년이 신규 진입의 해였다면 ○○억 원의 투자를 통해 올해는 국내 1위를 달성하고, 내년부터는 글로벌 사업자와 경쟁하겠습니다.

핵심을 찌르는 콘셉트 만들기

그렇다면 이러한 콘셉트는 어떻게 만들 수 있을까요?

한 번은 홍보 부서와 회의를 하면서 '야마가 뭐예요?'라는 질문에 당황한 적이 있습니다. 일단 '야마'라는 단어 자체를 처음 접해서 의미를 몰랐습니다. 검색해보니 야마란 방송이나 언론 현장에서 자주 쓰이는 속어인데 일본어로 '산'이란 뜻을 담고 있다고 합니다. 즉 야마란 평평하다가 갑자기 위로 솟구쳐 오른 것처럼 절정, 산, 클라이맥스라는 의미라고 합니다.

방송으로 말하면 프로그램에서 가장 중요한 부분, 가장 핵심적인 주제가 무엇인지를 말하며 언론에서는 특종 등에 해당하는 것이지요.

'야마가 뭐예요'라는 질문은 '여기서 가장 중요한 장면이나 중요한 상황 등 가장 핵심 부분은 무엇인가요'라는 의미입니다. 반면 '야마가 없네요'라는 것은 '핵심이 없이 사소한 이슈만 나열되어 있다'는 의미가 됩니다.

일의 본질을 콘셉트화하기 위해서는 일의 뾰족한 지점을 찾아내는 것이 필요합니다. 제가 진행했던 프로젝트를 일례로 들어보겠습니다. 지금은 회사 내 직급체계가 없습니다만, 예전에 사내 직급체계가 있었을 때는 매년 차장, 부장으로 승진한 직원들을 대상으로 승진자 워크숍을 진행했습니다. 제가 입사하기 전에 이 승진자 워크숍은 대부분 외부 강사들을 초빙해 강의를 듣는 방식으로 진행되었습니다. 그러다 보니 교육에 대한 만족도도 낮고, 실제 현장에서 의미 있는 변화가 일어나기 힘든 상황이었습니다.

프로그램 기획을 위해 회사 경영진, 상위 리더, 교육 대상자를 대상으로 인터뷰를 진행하며 여러 의견을 듣다 보니 의미 있는 교집합이 보였습니다.

상위 리더들은 승진자가 승진 후에는 해당 직급에 걸맞은 수준으로 업무를 하길 기대하게 되는데, 승진자들이 이러한 부분을 잘 모르니 워크숍을 통해 해결해주었으면 좋겠다고 하였습니다.

또 교육 대상자인 승진자들은 승진했으니 업무 방식이나 업무 수준이 뭔가 달라져야 할 것 같은데, 그게 무엇인지 모르니 답답하고 불안하다고 했습니다. 인터뷰를 통해 저희는 상위 리더나 승진자 모두 '기대수준'이라는 니즈가 있다는 사실을 발견했습니다.

스스로 일의 본질이나 핵심에 대한 질문을 하다 보면, 어느 순간 범위가 좁혀지면서 깔대기처럼 하나로 수렴되는 것들이 있습니다. 그것들은 다른 일과는 차별화된 목표일 수도 있고, 콘텐츠일 수도 있고, 방식일 수도 있습니다.

113

김근배 교수는 그의 서서 《컨셉 크리에이터》에서 고객을 끌어당기는 좋은 콘셉트가 되기 위해서는 '필요성, 차별성, 유형성'을 갖추는 것이 필요하다고 얘기합니다. 그 제품이 필요한 이유를 고객이 알 수 있게 해주고(필요성), 다른 것에서는 얻을 수 없는 차별점을 지니고 있어야 하며(차별성), 그 가치를 구체적으로 느낄 수 있게(유형성) 해주어야 한다는 것이지요.

여기서 놓치지 말아야 하는 것은 위의 세 가지 요소를 모두 갖춰야 한다는 것입니다. 세 가지 중에 하나라도 놓치게 된다면 마치 0을 곱한 계산식처럼 빵점짜리 콘셉트가 되는 것이라고 말이지요.

이 내용을 앞서 살펴본 승진자 워크숍 사례에 대입해서 다시 한번 생각해볼까요?

· 이 일은 왜 하는 걸까? (필요성)
⇨ 상사도 승진자도 기대수준을 알고 싶어 해. 회사 차원에서 직급별 '기대수준'을 잘 정리해서 알려주면 명쾌해질 거야.

· 이 일을 통해 얻을 수 있는 차별화된 가치는 무엇이지? (차별성)
⇨ 그동안 직급별 기대수준에 대한 구체적인 콘텐츠가 없었는데 우리만의 데이터를 바탕으로 새로 개발할 예정이야.

· 가치를 구체적으로 표현하면 어떻게 말할 수 있을까? (유형성)
⇨ ○○사 고유의 직급별 기대수준을 커뮤니케이션하는 프로그램!

이러한 과정을 거쳐서 새로운 승진 워크숍은 (상사가 얘기하고 싶고 승진자가 듣고 싶은, 그동안 회사에서 제대로 정리하지 못했던 것을 정리해서) '기대수준을 커뮤니케이션하는 프로그램'으로 콘셉트를 잡을 수 있었습니다.

우리 모두가 카피라이터, 마케터처럼 기가 막힌 콘셉트를 도출해야 한다는 얘기가 아닙니다. 다만, 우리가 하려는 일을 통해 하고자 하는 점을 누군가에게 각인시키기 위해 콘셉트를 활용하는 것이 중요하다는 것입니다.

누군가 지금 옆을 지나면서 '지금 무슨 일해?'라고 물어볼 때, 단순하게 하는 일을 그대로 설명하지 말고 한마디의 콘셉트로 얘기해보세요. 이 일을 통해 하려는 것을 한마디로 정리하면 '결론=일에 대한 콘셉트'입니다.

"콘셉트는

함께 일하는 사람들이 중심을 잃지 않도록,

이 일의 목표를 계속 상기할 수 있도록,

고객/사용자에게 강한 임팩트를 줄 수 있도록

일에 대한 내 결론을 한마디로 말할 수 있는,

내가 한 일을 상사에게 제대로 셀링하기 위해서

필요합니다."

 **정리하기**

내 일을 제대로 고민하는 데 필요한 질문들

오래 고민하는 것이 아니라 제대로 고민해야 합니다.

제대로 된 일 고민은 '일의 맥락, 본질, 목표, 콘셉트'에 집중하는 것입니다.

맥락
(Context)

이 일을 고민하는 시작점

이 일을 시작하게 된 배경은 무엇이지?

본질
(Why)

이 일을 하려는 이유, 목적

이 일을 하는 진짜 이유는 무엇이지?

목표 (Goal)	이 일이 잘 되었는지, 안 되었는지 판단하는 기준
	이 일을 잘 해냈을 때의 기준은 무엇이지?

콘셉트 (Concept)	이 일의 의미를 단순하게 표현하기
	이 일에 대해 조직/회사/고객에게 한마디로 말한다면?

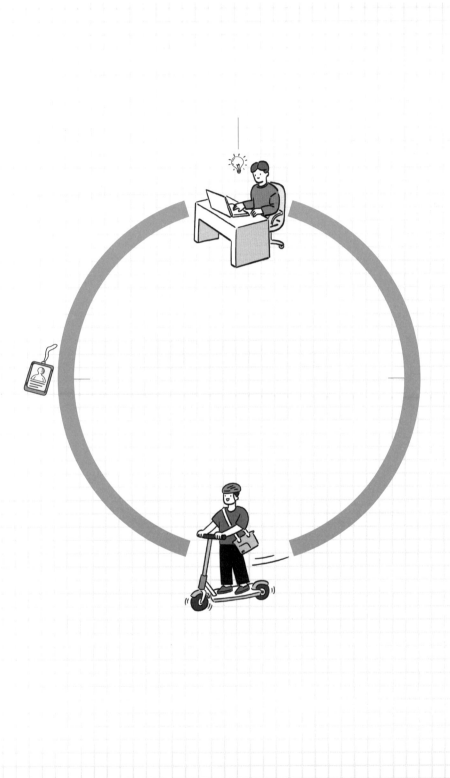

'내 생각'을 정리한다는 것

생각이 너무 없거나, 생각이 너무 많거나

중심을 찌르지 못하는 말일진대
차라리 입 밖에 내지 않느니만 못하다.
- 채근담 -

내 생각 없이 일하거나,
내 생각으로 일하거나

내 생각 없이 일하기　　　　　　　　**내 생각으로 일하기**

저도 그렇게
생각해요.
　　　　　　　제 생각은
　　　　　　　이래요.

제 말이
그 말이에요.
　　VS.　　제 말은
　　　　　　이러한 이유
　　　　　　때문이에요.

횡설수설
주절주절
　　　　　　　심플하고
　　　　　　　명료하게

지시받은 일에도 일에 대한 '내 생각'이 필요하다

'일'과 '나'를 연결하는 '내 생각'

신입사원 시절, 팀장님이 국내 대기업들의 신입사원 교육 현황을 조사하라는 업무 지시를 한 적이 있습니다. 당시에는 인터넷에는 검색할 만한 자료도 많지 않았고, 교육 담당자들과의 이렇다 할 네트워크도 없었습니다.

너무 막막했지요. 어렵사리 다른 회사에 근무하는 과선배들에게 연락해 신입사원 교육 담당자들을 소개받았습니다. 떨리는 마음으로 전화해서 자료를 부탁하고, 받은 자료를 나름대로 보기 좋게 정리했습니다. '와우! 이걸 해내다니 대단해!'라며 내심 팀장에게 칭찬받을 것을 기대하며 보고했지요. 히지만 제 예상은 여지없이 깨지고 말았습니다.

"아니, 조사하라고 했다고 조사만 하면 어떻게 하나. 뭐가 어떻다는 건지 알 수가 없잖아?"

	교육 목표	기간	주요 내용	비고
A기업				
B기업				
C기업				
D기업				

자료 조사하라고 해서 자료 조사를 했는데, 도대체 무엇이 잘못되었을까요? 혹시 눈치 채신 분이 계실까요? 팀장님에게 핀잔을 받은 이유는 바로 이 자료를 조사하고 정리하면서 가지게 된 제 생각은 하나도 담지 않고, 정말 자료 조사만 했기 때문입니다. 지금 돌이켜보면 단순히 데이터만 나열한 자료에 당황스러웠을 팀장님의 마음이 백번 이해가 됩니다.

팀장님의 입장에서는 '아니, 이 친구가 지금 나보고 자료를 보고 해석해서 적용 포인트까지 찾아보라고 하는 건가?'라는 생각이 들었을 테지요. 속으로 무척 화가 나셨을 것입니다.

팀장님이 자료 조사에서 기대한 바는 1) 자료를 수집한다, 2) 자료를 통해 우리 회사에서 적용할 포인트까지 정리해보라는 것이었습니다. 그런데 저는 1)번에만 그친 것이지요. 제가 이렇게 정리했다면 어땠을까요.

"팀장님, 조사 결과 우리 회사에서도 신입사원 교육의 효과를 높이기 위해 다음의 내용들에 대한 검토가 필요할 것 같습니다."

- 현재 우리 회사의 신입사원 교육 기간은 충분한가?
- 변화하는 신입사원의 특성을 고려해서 교육 방법을 개선할 필요성은 없는가?

	교육 목표	기간	주요 내용
A기업		4주	온라인 회식으로 멘토-멘티 스킨십 제고
B기업		2주	아바타로 참여하는 온라인 강의 참여 및 토론
C기업		4주	신입사원이 해석한 기업문화 영상 제작
D기업		4주	업무 목표 관리를 위한 온라인 챌린지 진행

신입사원 조기 온보딩*을 위해 교육 기간을 2주에서 4주로 확대하고 있음

기존의 강의 방식이 아닌 MZ세대 특성을 반영한 '온라인', '게이미피케이션' 교육 방법 적용하고 있음

• **온보딩(On-boarding)**: 신규 입사자가 조직에 순조롭게 적응하고 정착할 수 있도록 지원하는 과정. 사전적으로는 배나 비행기에 '탑승하는 것'을 의미하고, 기업 등의 조직에서는 조직에 '안착하는 것'을 의미한다.

지시받은 일이라 하더라도, 내가 하는 '일'로 만들기 위해서는 '내 생각'이 필요합니다. 내 생각을 가지기 위해서는 자료를 수집하고, 아이디어를 내고, 해결방안을 고민하는 과정에서 끊임없이 비판적으로 사고하는 습관이 필요합니다.

비판적 사고는 자신의 머릿속에서 어떤 사고가 진행되고 있는지를 의식하면서 사고하는 것입니다. 동시에 주어진 것들이 타당한 근거가 있는지, 혹은 주어진 정보들로부터 논리적으로 도출해낼 수 있는 결론은 무엇인지에 대해 생각하는 추리이기도 합니다.

어디선가 일의 노예가 되느냐, 일의 주인이 되느냐는 '일에 대한 생각'에서 크게 차이가 난다는 글을 읽은 적이 있습니다. 일의 노예는 별다른 생각 없이 자신이 해야 하는 일을 주어진 시간 내에 잘 완수하는 데 집중한다고 합니다. 효율성이 가장 큰 가치인 셈이지요.

반면, 일의 주인인 사람은 일 하나하나에 집중하기보다 일에 대한 재정의 과정을 통해 스스로 일에 대한 오너십을 가진다고 합니다. 여기서 말하는 일에 대한 재정의가 바로 내 생각이라고 할 수 있습니다. 일에 대한 내 생각을 가지는 것, 여러분이 일의 주인이 되는 시작입니다.

내 생각을 뾰족하게 만든다는 것

보고서 작성 방법에 대해서 강의를 한 적이 있었습니다. 몇 시간에 걸쳐 논리적으로 구조를 잡는 강의를 한 뒤에, 자신의 회사가 가지는 핵심적인 강점을 피라미드 스트럭처Pyramid Structure로 그려보라고 했습니다.

참고로 피라미드 스트럭처란, '문서 작성자가 전달하려는 결론→결론을 지지하거나 입증하는 주요 요점→각 요점의 내용을 지지하거나 입증하는 사실 또는 근거의 순서'로 작성된 논리 구조입니다(피라미드 스트럭처에 대해서는 뒤에서 한 번 더 자세히 얘기 나누도록 하겠습니다).

다음은 한 친구가 작성한 피라미드 스트럭처입니다.

몇 시간에 걸쳐 강의한 내용이 무색하게, 홈페이지에 있는 회사 소개 자료를 그대로 가져와 맨 위에는 회사의 비전을, 아래 칸에는 연혁, 직원 수, 주요 고객사를 요약해서 정리해놓았습니다.

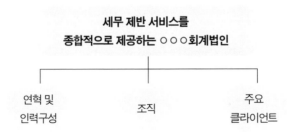

125

모양으로만 봤을 때는 크게 문제가 없어 보입니다. 결론을 적고, 이 결론에 부합하는 근거가 적혀 있으니까요. 하지만 이 피라미드 스트럭처만 봐서는 회사의 강점이 잘 파악되지 않습니다. 다른 회계법인으로 바꾸어도 크게 이상하지 않을 것 같습니다.

그 친구에게 다시 질문해보았습니다. 진짜로 말하고 싶은 회사의 강점은 무엇인지 말이지요. 그 친구는 잠시 고민하더니 이렇게 말했습니다. 자신의 회사는 '다른 회사에 비해 일반적인 세무 서비스의 처리 속도가 빠르고, 이슈가 복잡하게 얽힌 세무 서비스는 전문가들이 붙어서 리스크 관리를 철저하게 하는 것이 큰 강점인 것 같다'고 말이죠.

빙고! 저는 그것을 써야 한다고 얘기해주었습니다. 그리고 그것을 뒷받침할 수 있도록 '조직 / 인력 구성/ 연혁 / 클라이언트 / 수상'의 항목을 다시 정리해보라고 했습니다. 한번 비교해볼까요? 전달하고 싶은 메시지가 더욱 뚜렷해진 것을 볼 수 있습니다.

단련(鍛鍊)이란 쇠붙이를 불에 달군 뒤 두드려서 단단하게 만드는 것입니다. 연마(研磨)란 돌이나 쇠붙이, 보석, 유리 같은 고체를 갈고 닦아 광이 나게 만드는 것입니다.

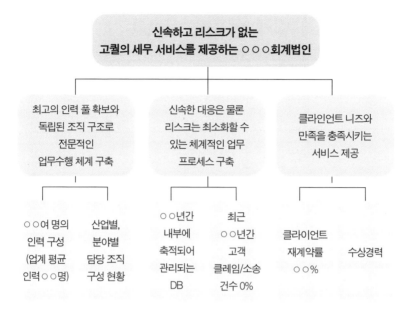

'일에 대한 내 생각'도 마찬가지입니다. 내 생각을 정리하고, 내 생각을 뒷받침하는 근거를 모으다 보면 거기에서 발견된 인사이트를 바탕으로 다시 결론을 다듬고 정제하는 과정을 반복하게 됩니다. 이런 과정을 거치면서 점점 내 생각이 뚜렷해지고 뾰족해지는 것이지요.

이 과정은 꽤 지난하고 답답합니다. 마부작침(磨斧作針), 도끼를 갈아 바늘을 만들기 위해서는 끈기 있는 노력이 전제되어야 합니다. 언제까지? 스스로 만족할 수 있을 때까지!

선택의 이유가 명확한 것이 최선의 해결방안

이게 최선입니까

꽤 오래된 드라마입니다. 한때 엄청난 인기를 끌었던 〈시크릿 가든〉이라는 드라마에서 백화점 대표를 연기했던 배우 현빈은 결제판을 내미는 임원에게 이렇게 묻습니다.

"이게 최선입니까? 확실해요?"

명확하게 대답하지 못하는 임원에게 '최선도 아니고 확실하지도 않는데 어떻게 결재를 할 수 있느냐'고 반문합니다. 드라마에서 이 장면이 몇 번 반복되는데, 저는 이 대사를 들을 때마다 저희 팀장이 생각나서 몰입이 깨지곤 했던 기억이 납니다.

이게 최선입니까?

확실해요?

인터넷에서 검색해본 '최선'의 의미입니다.

최선(最善): 명사

1. 가장 좋고 훌륭함 또는 그런 일

2. 온 정성과 힘

다소 작위적일 수 있지만, 저는 이 두 가지의 의미가 실무자와 의사결정자의 입장에서 바라보는 '최선'에 대한 차이를 잘 보여준다고 생각합니다.

실무자는 일을 실행하는 사람입니다. 일에 최선을 다하는 실무자의 모습은 어떤가요? 누군가는 대충 하고 말 일을 몇 번이고 점검하고, 더 깊게 고민합니다. 일에 자신의 정성과 힘을 쏟는 데 인색하지 않습니다.

하지만 정성껏 일한다는 것이 매번 좋은 결과를 담보하지는 않습니다. 모든 일이 성사되는 데는 운이 7할이고, 노력은 3할이라는 운칠기삼(運七技三)이라는 말처럼요. 실무자 입장에서 최선을 다한다는 것은 결과보다는 과정에 집중됩니다. (일의 성패를 가로 짓는 데 운이 7할이니 '에라 모르겠다'라고 생각하는 것이 아니라) 통제 가능한 3할에 최선을 다하고, 통제할 수 없는 운은 하늘에 맡기고 결과를 받아들이는 것이지요.

반면 의사결정자 관점에서 최선이란 첫 번째 뜻에 조금 더 힘이 실립니다. 의사결정자는 책임을 지는 사람이기에 과정보다 최종적인 결과가 가장 좋도록 하는 데 좀 더 집중하게 됩니다.

영국 소방당국에서 가장 직급이 높은 20년 차 여성 소방관이자 심리학 박사인 사브리나 코언의 인터뷰를 본 적이 있습니다. "긴급 상황에서 '누구를 살리고 포기할 것인가'를 판단하는 기준은 무엇인가요?"라는 질문에 그녀는 '가장 덜 나쁜' 선택지를 찾는 것이라고 답합니다. 모두를 살리지는 못해도 최대 다수의 생명을 구한다는 게 기준이 된다고 말이지요.

인터뷰 내용이 인상적이어서 그녀의 저서 《소방관의 선택: 생사의 순간, 최선의 의사결정을 내리는 법》을 읽어보았습니다. 저자는 불길이 치솟는 극단의 순간, 인간의 의사결정은 어떤 원칙을 가져야 하는가에 대해 다음의 세 가지로 제시합니다.

- **결정의 목표:** 이 결정으로 이루고자 하는 목표는 무엇인가?
- **결정의 예측:** 이 결정으로 어떤 결과가 예측되는가?
- **위험과 이득 판단:** 이 결정이 위험을 줄지 이득을 줄지 판단한다.

기업에서 리더가 내리는 일에 대한 의사결정의 원칙도 이와 다르지 않습니다.

- 언뜻 보기에는 A가 좋아 보이지만, 투입되는 예산에 비해 A와 B에서 나오는 기대효과가 큰 차이가 없을 것 같다면?
- A와 유사한 프로젝트를 이전에 실행해보았지만 결과가 좋지 않았다. 이번에도 A를 선택하는 데 최종 결과가 좋을 것이라는 확실한 근거가 없다면?
- 차선의 B를 선택하더라도 당초 예상했던 결과가 기대에 못 미친다면, 오히려 하지 않는 게 좋은 선택인 것은 아닐까?

리더는 하나의 선택을 하는 과정에서 목표, 결과, 인풋과 아웃풋에 대한 종합적이고 복합적인 고민을 하게 됩니다. 이 일이 무엇을 하려는 것인지 목적을 생각해보고, 지금의 의사결정으로 인해 얻는 플러스(매출, 평판, 부정 인식 감소, 스킬업 등)와 마이너스(리소스, 비용, 투자, 리스크 등) 사이에서 고민해서 양(+)의 값이 어느 정도인지 가늠해야 합니다.

반대로 예상되는 결과가 최적의 상태인 마이너스도 플러스도 아닌 상태라면 과감하게 멈추는 것도 필요합니다. 이 모든 것을 고려한 후 선택을 해야 하는 이유가 확실해야 의사결정자는 선택할 수 있습니다.

이제 어느 정도 연차가 되어 제가 의사결정을 하는 입장이 되어 보니, 왜 매번 이사님이 "다시 생각해 와" "글쎄, 이것만으로는 난 결정을 못하겠는

데?"라고 말했는지 이해가 됩니다. '아무리 봐도 A가 맞을 거 같은데, B를 선택하는 거지?'라고 툴툴거렸던 제 모습도 함께 말이지요.

궁극적으로 실무자와 리더 입장에서 우리는 모두 최선의 선택을 하려는 것은 같습니다. 하지만 정말 애써서 고민했는데도 좀처럼 의사결정을 받지 못한다면, 조금 다른 관점에서 접근하는 것이 필요합니다. 여러분이 준비한 해결책이 문제라기보다 리더의 입장에서 의사결정을 내려야 할 '근거'가 부족하기 때문일 수도 있기 때문입니다.

의사결정을 받으러 가기 전, 팀장의 입장에 서서 자문해 보세요.

"왜 내가 이 해결방안을 선택해야 하죠?"라고 말이지요. 이 질문에 대한 대답이 명확할 때, 여러분의 생각에 자신감이 더해지게 됩니다.

'무엇'을 할지 설명하지 말고, '왜' 해야 하는지 설명하기

일을 잘하는 사람들은 공통적으로 일에 대한 의사결정을 잘 받습니다. 의사결정을 잘 받는 사람들의 공통점은 상위 의사결정자가 이 일에서 원하는 방향성을 제대로 파악하는 것은 물론, 의사결정을 쉽게 내릴 수 있노록 해줍니다.

저는 의사결정을 받는 과정도 결과적으로는 윗사람에게 '내 생각을 셀링하는 것'이라고 생각합니다. 그런데 우리는 가끔 제품을 강매하려는 경우가 있습니다. 왜 다른 것보다 좋은지, 왜 이것을 선택해야 하는지에 대해서 말하지 않고, 밑도 끝도 없이 이 제품이 좋다고 말하는 것이지요.

다음은 마케팅 기획안을 보고하는 장면입니다. 두 명의 보고가 어떻게 다른지 살펴볼까요.

A의 마케팅 기획안 보고
팀장님, 요즘 10대에서 밈이 대세예요. 이번 ○○제품 마케팅 콘셉트로 밈을 활용했으면 좋겠습니다.

B의 마케팅 기획안 보고
팀장님, 이번 ○○제품 마케팅 콘셉트를 10대들 사이에서 유행하는 세 가지 방향으로 생각해보았습니다

1안: 뉴트로
2안: 밈^{Meme} 활용*
3안: 리추얼^{Ritual}**

이 가운데(뉴트로에 대한 인기가 뉴트로에 대한 인기가 다소 시들해졌음을 보여주는 리서치, 리추얼의 선호도는 10대보다 20대에서 더 높다는 조사결과, 제품 콘셉트와 밈을 연결했을 때의 예상되는 기대 효과 등의 근거를 보여주면서) 밈을 활용한 마케팅 방안이 가장 최선의 선택인 것 같습니다.

A와 B는 동일하게 뉴트로 콘셉트를 적용한 마케팅안을 제안하고 있습니다. 하지만 의사결정자의 입장에서 선택하도록 쉽게 만들어주는 사람은 B입니다. 블랙박스와 같은 팀장의 마음속에서 일어나는 사고의 흐름은 이렇습니다. B는 팀장의 생각 흐름을 미리 예상해보면서 보고합니다. B와 달리, 차 떼고 포 떼고 다짜고짜 자기 생각을 말한 A는 분명 '다시 고민해 와'라는 피드백을 받았을 것입니다.

"이 일에 대한 해결책으로는 A, B, C로 생각해볼 수 있을 것 같습니다. 그런데 A가 가장 최선인 것 같아요."

(왜?)

"왜냐하면 현장에서 이러한 목소리가 있었고, 관련된 데이터를 분석해보니 이랬습니다."

(그래? A를 선택했을 때, ○○과 같은 문제들이 생길 것 같은데….)

"네, 제가 미리 그 부분은 짚어보았는데 결과적으로 마이너스(-)보다 플러스(+)가 더 클 것 같습니다."

(이게 최선의 의사결정이 맞겠군.)

• 밈(Meme): 한 사람이나 집단에게서 다른 지성으로 생각 혹은 믿음이 전달될 때 전달되는 모방 가능한 사회적 단위를 총칭한다. 1976년, 리처드 도킨스의 《이기적 유전자》에서 문화의 진화를 설명할 때 처음 등장한 용어이다.

•• 리추얼(Ritual): (항상 규칙적으로 행하는) 의식과 같은 일로써 내 의지로 만드는, 즉 의식이 바탕이 된다는 점에서 습관과는 조금 다른 개념이다. 루틴을 의미하는 리추얼은 최근 '삶의 활력을 도모하기 위한 습관 만들기'라는 트렌드로 확장되고 있다.

우리는 종종 우리가 제안한 안들이 '왜' 좋은지를 설명하곤 합니다.

지금부터는 이제 조금 관점을 바꾸어 '왜' 이 해결책을 선택해야 하는지에 집중해보세요. 실무자와 의사결정자 모두 좀 더 쉽게 최선에 다가설 수 있게 됩니다.

데이터를 활용하여
내 생각의 근거를 만들자

논리(論理)란 말할 논(論), 이치 리(理), 즉 이야기를 하고 이유/근거를 말하는 것입니다. 모든 이야기에는 이유/근거가 뒷받침되어야 합니다. 이유나 근거가 뒷받침되지 않는 것은 마치 사기꾼의 속임수나 막무가내로 물건을 떠넘기는 것과 다를 바 없습니다.

수년간 쌓인 경험으로 축적된 노련한 '직감(直感)'은 일을 해결하는 시간을 줄여주는 역할을 합니다. 하지만 이러한 직감은 함께 일하는 사람들에게 설득력이 매우 약할 수밖에 없습니다.

여러분의 의견을 누군가에게 설득하기 위해서는 반드시 객관적인 근거를 함께 제시해야 합니다. 내 얘기가 '맞다'는 이유/근거는 책상에 앉아서 머릿속으로 생각히고 인터넷으로 얻는 자료들만으로는 한계기 있습니다. 그런 의미에서 현장의 목소리가 담긴 데이터는 가장 강력한 이유/근거가 됩니다.

데이터에는 정량적 데이터와 정성적 데이터가 있습니다. 정량적 데이터는 대량의 정보를 다룰 수 있기 때문에 트렌드를 읽거나 다양한 각도에서 데이터를 분석해서 의미를 뽑아낼 수 있습니다.

반면, 가공되지 않은 날것의 정성적 데이터를 잘 활용하면 진정성을 담아내는 데 효과적입니다. 예를 들어 컨퍼런스를 시행하고, 참가자들이 설문조사에 남긴 5점 만점에 4.7점이라는 숫자보다 컨퍼런스에 참가한 사람들이 자신의 SNS에 남긴 리얼 후기가 더 생생하게 느껴지는 것과 같은 이치입니다.

우리의 논지에 따라 그에 적합한 데이터의 종류를 기획하고 수집하고 활용할 수 있는 능력이 필요합니다.

정량적 데이터(예: 수치화된 데이터, 통계 데이터 등)

- 장점 : 전체적인 경향을 파악하거나 객관적인 비교가 가능함
- 단점 : 생생함이 부족함

정성적 데이터(예: 인터뷰, 설문조사의 주관식 데이터 등)

- 장점 : 메시지가 생생하고 강렬함
- 단점 : 객관성이 부족함

정량적 데이터 속에 담긴 의미들을 발견하기

정성적이고 감성적인 접근이 필요할 때도 있지만, 많은 경우 이성적이고 논리적인 접근이 요구됩니다. 바로 정량적인 데이터를 통해서 말이지요.

정량적 데이터를 잘 다룬다는 것은 큰 무기가 될 수 있습니다. 가끔 데이터를 잘 다루는 것을 데이터 툴을 잘 다루는 것이라고 생각하는데, 툴을 다루는 스킬보다 더 중요한 것은 데이터를 해석하고 활용하는 능력입니다. 일차적으로 수집된 데이터는 그저 숫자에 불과하지만, 분석하고 해석하는 일련의 과정을 거침으로써 데이터는 힘을 갖게 되기 때문입니다.

데이터를 분석할 때는 끊임없이 '왜'라는 질문을 하면서 답을 찾아가는 과정은 끈질김을 필요로 합니다. 다음과 같은 질문을 던지면서 데이터를 분석하고 인사이트를 발견해보세요.

- 왜 이러한 수치가 나왔지?
- 어떤 요소가 이런 결과를 만들어냈지?
- 이 데이터를 통해 얻을 수 있는 것은 무엇이지?
- 앞으로 어떤 전략을 바탕으로 어떤 계획을 세워야 하지?

데이터 전문가는 아니지만, 제가 업무에서 기준으로 잡는 데이터를 다루는 노하우를 정리해보았습니다. 여러분의 논리가 힘을 가질 수 있도록 데이터 해석 역량을 키우는 데 도움이 되었으면 합니다.

데이터를 해석하는 노하우

첫째, 나만의 가설(뇌피셜)* 에서 시작하기

데이터를 수집해두고 나면 방대한 양에 어디서부터 손을 대야 할지 엄두가 나지 않을 수 있습니다. 우선 수집한 데이터를 유사한 데이터끼리 묶고 배열하는 과정을 시작합니다. 이 과정 속에서 우리 마음속에는 몇 가지 생각이 자리 잡습니다. '~가 좀 의미 있네?' '~ 일 것 같은데?'라는 생각들을 가설 삼아, 이 가설에 대한 증거를 수집하는 탐정의 마음으로 데이터를 분석해보기 바랍니다.

만약 가설과 데이터의 분석 결과가 같다면 뒷받침하는 근거로 삼고, 다르다면 왜 어긋나는지 그 차이에 주목해보세요. 예상했던 결과와 데이터가 다른 지점에 의문을 가지고 파고들면 그곳에서 예상치 못한 아이디어를 얻을 수 있습니다.

---

* **뇌피셜**: 신체 부위인 '뇌'와 '공식적인'을 뜻하는 영단어 '오피셜(Official)'을 합쳐 만든 신조어. 공식적으로 검증된 사실이 아닌 개인적인 생각을 말한다.

둘째, 데이터 속의 패턴을 파악하기

데이터에서 나타나는 공통점에 '왜'라는 질문을 던져보기

예) • 매년 해당 검색 키워드가 계속 늘어나는 이유는 무엇일까?

평균값이 아닌 일부 지점에서 '왜'라는 질문을 던져보기

예) • 해당 산업에서 우리의 시장점유율이나 수익이 상대적으로 낮은 이
    유는 무엇일까?

• 전반적으로 사용자가 감소하는 추세인데, 특정 연령대에서 사용자
    가 늘어나는 이유는 무엇일까?

• 일부 영업사원의 실적이 뛰어난 이유는 왜일까?

셋째, 데이터의 수치를 비판적으로 분석하기

예 1) • 여행 사이트에서 4주간 '추석' 관련 키워드 유입량은 총 ○○건임

    (정확한 수치)

• 키워드 유입 경로는 PC가 ○○만 건, 모바일이 ○○만 건으로 3:7
    정도 비중임 (전체 비중)

• PC 검색은 추석 시작 4일 전부터 키워드 유입량이 급감하는 데
    비해, 모바일은 연휴 기간에도 비슷한 수치가 유지됨 (수치상의 변
    화)

- 모바일 유입량이 연휴에도 유지되는 것은 연휴 기간 동안에도 모바일을 통해 여행 검색이 활발했음을 보여주고 있음 (비판적 분석 결과)

예2) • 올해 자사 배달앱 주문 건은 ○○억 건, 매출액은 ○○억 원입니다. (정확한 수치)

- 전년 대비 영업이익은 10% 상승했습니다. (기준 대비 비중)

- 최근 3년간 추이를 살펴보면 영업이익은 꾸준히 5% 내외로 상승했습니다. (수치의 변화 추이)

- 기존 5% 대비 10% 상승을 긍정적으로 볼 수 있지만, 이번 코로나 19 이슈로 온라인시장 자체가 30% 이상 확장된 것을 고려할 때, 우리 회사의 영업이익은 상대적으로 부진했다고 판단됩니다. (비판적 분석 결과)

현장에서 얻는 살아 있는 데이터, 사용자 인터뷰

내 이야기가 나만의 생각이 아닌, 남들도 함께하는 생각이라는 것을 강조하면 내 이야기의 좋은 근거가 될 수 있습니다. 여기서 남들이란, 실제 일의 대상이 됩니다. 만약 사내 교육 업무이나 사내 시스템과 같은 내부 과제라면 경영진이나 직원이 될 것이고, 제품이나 서비스에 관한 일이라면, 실제 이것을 사용하는 고객이 됩니다.

이들의 생각을 듣는 방법은 여러 가지가 있습니다. 인터넷을 활용한 설문조사나 고객센터에 인입된 VOC^Voice of Customer(고객의 소리)를 수집하고 분석하는 방법도 있고, 직접 사용자를 만나서 FGI^Focus Group Interview(표적집단면접)를 진행해볼 수도 있습니다. 이런 과정을 통해 우리가 고민한 여러 가지 생각이 맞는지 틀린지 검증할 수 있고, 일에 대한 여러 가지 해결방안을 위해 필요한 다양한 아이디어를 얻을 수 있습니다.

현업에서 현장의 날 데이터를 얻는 방법으로 자주 사용되는 것이 인터뷰입니다. 그런데 사용자 인터뷰를 통해 제대로 된 의견을 듣기 위해서는 생각보다 많은 노하우가 필요합니다. 제 경험을 바탕으로 사용자를 인터뷰할 때 실수하기 쉬운 포인트들을 공유합니다.

사용자 조사하기 전에 알아둘 것

첫째, 인터뷰 대상자에 대해 공부하고 만나기

한 번은 후배 두 명과 인터뷰를 하러 간 적이 있습니다. 인터뷰 대상자가 최근 출판한 책이나 개인 SNS에 올린 포스팅까지 꼼꼼히 읽고 온 한 후배는 인터뷰 대상자와 자연스럽게 라포(사람과 사람 사이에서 상호 이해와 공감을 통해 형성되는 신뢰 관계와 유대감)를 형성하면서 인터뷰를 리딩했습니다. 반면, 별다른 준비 없이 온 다른 후배는 내내 인터뷰를 듣기만 했습니다. 일에 대한 준비도를 보면 일에 대한 진심과 애정을 가늠할 수 있습니다. 인터뷰에 대한 사전 정보 파악은 기본 중에 기본입니다.

둘째, 인터뷰 대상자에게 인터뷰 질문 내용이 아닌, 인터뷰를 '왜' 하는지에 대해 알려주기

인터뷰를 의뢰하면, 대부분의 인터뷰이들이 인터뷰를 준비하는 차원에서 사전 질문을 공유해달라고 합니다. 그런데 가끔은 이 질문에 우리가 생각한 가설이 담겨 독이 되는 경우가 있습니다. 인터뷰어의 의도를 읽고, 인터뷰어가 듣고 싶은 답변을 준비해올 수 있기 때문입니다. 인터뷰의 내용을 너무 자세히 알려주기보다 인터뷰를 시행하는 이유에 대해 공유하는 편이 효과적입니다.

셋째, 짧게 오픈형으로 질문하기

사전에 질문의 요지를 정확하게 파악해서 최대한 짧게 오픈형으로 질문합니다. 긴 질문은 인터뷰이에게 무엇을 말해야 할지 혼란을 주고, A와 B를 선택하는 질문은 C를 원하는 인터뷰이가 답할 수 없게 합니다.

넷째, 유도 질문하지 않기

예상과 달리 별다른 소득이 없는 인터뷰도 많습니다. 어쩌면 그게 당연합니다. 그런데 인터뷰이가 이야기를 잘 못하거나 혹은 특별한 의견이 없을 경우, 가끔 인터뷰를 통해 듣고 싶은 우리의 생각을 설명하는 실수를 종종 하곤 합니다. 이런 경우 인터뷰이는 괜스레 유도 질문에 답하듯 인터뷰어가 원하는 답변을 하게 될 수도 있습니다. 상대방의 생각을 억지로 이끌어내는 것은 안 듣는 것보다 잘못된 결과를 만들어낼 수 있습니다.

다섯째, 방어적으로 듣지 않기

가끔 인터뷰에서 부정적인 의견을 접하면 방어적이 되기 쉽습니다. 일에 대한 자세한 전후 사정을 아는 담당자의 입장에서 이런 의견들을 불필요하다고 치부해버릴 수도 있습니다. 이러한 감정은 인터뷰이가 솔직하게 답변하는 데 방해가 됩니다. 쉽지 않지만 때로는 불편한 이야기, 의미 없는 이야기들이 나오더라도 일단 듣는 것이 필요합니다. 판단은 인터뷰가 끝난 뒤로 미루고 말이죠.

여섯째, 가짜 의견과 진짜 의견 구분하기

인터뷰이 입장에서는 도움이 되고 싶은 마음에 이런저런 의견을 말해야 할 것 같은 압박감을 가지기 쉽습니다. 그러다 보면 진짜 이것을 원한다기보다 있으면 좋을 것 같은 얘기를 하는 경우도 있습니다. 실제로 사용자들이 '이런 기능이 있었으면 좋겠다'고 했지만, 막상 추가되어도 사용하지 않는 경우가 많습니다. 인터뷰를 하는 중에 그것을 판단하기는 어렵습니다. 판단해서도 안 되고요. 제품이나 서비스에 대한 의견을 들을 때는 내용뿐 아니라 맥락이나 이유를 함께 들어야 합니다. 그래야 인터뷰 종료 후 분석하는 과정에서 가짜 니즈와 진짜 니즈를 구분하는 근거가 될 수 있습니다.

인사이트는 '발명'이 아닌
'발견'하는 것

여러분은 '인사이트^{Insight}'가 있는 사람인가요?

회의를 할 때 남들은 미처 생각하지 못했던 부분을 날카롭게 캐치해서 회의 참석자들의 고개를 끄덕이게 만드는 사람이 있습니다. 기존과는 다른 새로운 관점을 제시하는 통찰력이 있는 사람들을 보며 "저 사람은 인사이트가 대단해!"라고 말하곤 합니다.

통찰력 있는 '내 생각', 인사이트는 어떻게 가질 수 있을까요?

인사이트는 발명이 아닌 발견

'인사이트^{Insight}'를 'In+Sight'로 풀어서 해석하면 '사물의 이면을 들여다보는 것'을 말합니다. 저는 인사이트를 얻는 과정이 한의사가 맥을 짚는 과정과 비슷하다고 생각합니다. 한의사가 피부 아래의 맥을 짚어 혈관의 굵기,

맥박수, 혈관의 긴장도, 점도 등을 파악하여 환자 몸 안에 숨어 있는 병을 알아내는 것처럼 말이지요. 그런 의미에서 인사이트는 전에 없던 무엇인가를 새롭게 만들어내는 '발명'이 아닌, 기존에 존재하고 있는 것들이 가진 의미의 '재발견'에 가깝습니다.

발견은 창의력이 아닌 호기심과 관심에서 출발합니다. 그리고 호기심과 관심은 일에 대한 애정에서 나옵니다. 예를 들어 기사를 읽을 때 일로 접근하여 오탈자가 없나 살펴보면 잘 보이지 않지만, 좋아하는 배우나 가수에 관한 기사는 오탈자가 매직아이처럼 훤히 드러나는 이치와 같습니다. 일에 애정을 가지면 보이지 않는 이면의 것들이 관찰되고, 이것은 인사이트로 이어질 수 있습니다.

인사이트를 발견하는 데에는 요행도, 공식도 없습니다. 인사이트는 오히려 지루하고 지난한 과정과 닮아 있습니다. 일에 대한 애정에서 나오는 끊임없는 호기심과 이면을 들춰보려는 관심이 인사이트를 만듭니다. 불편함을 느끼는 순간, 불평으로 그치거나 무던하게 넘어가지 말고 "왜 이렇게 불편한 거지?"라고 질문하는 습관을 가져보세요. 질문이 날카롭고 깊을수록 여러분의 인사이트는 더욱 커질 것입니다.

고객을 관찰하면서 얻은 인사이트

우리는 나도 모르는 내 마음을 읽어낸 듯한 광고 카피를 볼 때 '공감'과 '매력'을 느끼게 됩니다. 또 우리가 어떤 상품이나 서비스를 사용하면서 불편하다고 생각했는데, 어느 날 개선되어 있는 것을 보면 '오, 이 회사 일 좀 하네!'라는 생각을 하게 되지요.

최근 코로나19로 언택트 마케팅이 하나의 트렌드로 자리 잡는 것을 보면서, 꽤 오래 전에 '언택트 마케팅'을 진행해 화제가 되었던 사례가 떠올랐습니다. 2016년도에 이니스프리 로드숍에 비치해서 고객들에게 큰 호응을 불러일으켰던 '바구니 마케팅'입니다.

이니스프리 매장에는 고객들이 고른 물건을 담을 바구니가 비치되어 있었는데, 이 바구니에 '혼자 볼게요' '도움이 필요해요'라고 쓰인 각각 다른 라벨을 붙여놓은 것입니다. 바구니를 선택하는 것만으로도 자신의 의사를 표현할 수 있는 것이지요. '혼자 볼게요' 바구니를 들고 있는 고객은 부담 없이 나홀로 쇼핑을 할 수 있고, '도움이 필요해요'라고 쓰인 바구니를 들고 있는 고객은 매장 직원의 제품 추천 등 도움을 받을 수 있습니다.

이 마케팅은 한 직영매장 매니저가 10대, 20대 '밀레니얼 세대' 고객들의 소비 습관을 관찰한 데서 나온 아이디어라고 합니다. 밀레니얼 세대 고객은 제품 정보를 사전에 인터넷에서 습득하고 매장에서는 확인한 정보를 바탕으로 테스트하는 방식을 선호하는데, 고객의 응대가 오히려 부담스러울 수 있다는 사실을 제대로 읽어낸 것이지요(최근에는 매장에서 이 바구니를 볼 수 없습니다. 확실하진 않지만 최근에는 고객이 원하지 않는 불필요한 응대는 하지 않는 것이 잘 자리 잡았기  때문이 아닐까 싶습니다. 대신 이런 얘기를 들을 수 있지요. '도움이 필요하면 말씀해주세요'라고요).

만약, 일에 대한 아이디어가 떠오르지 않아 고민된다면? 일의 대상이 되는 고객을 살피면 의외의 인사이트를 얻을 수 있습니다.

이질적인 레퍼런스와의 연결에서 얻는 인사이트

회의 때마다 신박한 아이디어를 내는 사람들이 부러웠습니다. '어떻게 저런 생각을 하지? 타고난 창의성을 가진 사람, 트렌드를 읽어내는 감각적인 사람들은 따로 있는 것이 아닐까'라고 생각했습니다.

그런데 가만 살펴보니 인사이트가 있는 사람들의 공통점 중 하나는 전혀 다른 이질적인 것들을 의미 있게 연결시키는 능력이 탁월하다는 것이었습니다. 여기서 핵심은 바로 '연결'입니다. 흔히 하늘 아래 새로운 것이 없다고 하잖아요. 기존의 것에서 착안해서 재해석이나 변형시켜 내 일에 적용시키는 것이지요.

'기적의 와인 오프너'라고 불리는 코라빈Coravin에 대해서 들어본 적이 있으신가요. 코라빈을 이용하면 와인의 코르크를 따지 않고도 와인을 마실 수 있는데요. 작동되는 원리는 이렇습니다. 코라빈의 바늘을 와인의 코르크에 찌른 후 와인을 따르면 바늘의 미세한 구멍으로 와인이 흘러나오는데요. 와인의 빈 자리를 코라빈 기계에 있는 순도 99.9%의 가스(와인 메이커들이 좋은 와인을 만들 때 와인의 보존성과 맛을 향상시키기 위해 사용한다고 합니다)가 채워져 다른 공기가 들어오는 것을 막아줍니다. 코라빈의 바늘을 뺀 곳 역시 코르크의 팽창으로 밀봉되어, 와인을 한 번도 오픈하지 않은 것처럼 신선하게 유지할 수 있습니다.

기적의 와인 오프너
코라빈

해외 출장길에 방문했던 레스토랑에서 코라빈을 처음 보고 호기심에 검색해보니, 탄생 배경이 꽤 재미있었습니다. 코라빈을 발명한 그렉 램브렛 Greg Lambrecht 은 MIT 공대를 졸업한 수재로 와인 애호가였다고 합니다.

와인을 딱 한 잔만 마시고 싶은데 와인 코르크를 개봉하게 되면 아무리 잘 보관해도 산화되는 문제를 해결하고 싶었다고 합니다. 그러다 외과의사들이 수술에서 사용하는 초미세 바늘에 대해 알게 되었고, 이것을 이용하면 코르크를 따지 않고도 와인을 마실 수 있지 않을까 하는 생각에 10년에 걸쳐 그 방법을 고안했다고 합니다.

제게도 재미있는 경험이 있습니다. 회사에서 '서비스에서 있어서 가장 중요한 것은 사용자'라는 철학을 전 구성원에게 커뮤니케이션하기 위해, 일 년에 걸쳐 여러 서비스에 대한 사용자 인터뷰를 진행한 적이 있었습니다. 사용자 인터뷰 결과는 사내 게시판을 통해 각 서비스 담당자들에게 공유하고 이를 서비스 개선 계획에 반영하도록 했지요.

그렇게 일 년간 진행한 사용자 인터뷰를 마치면서, 사용자들이 내어준 소중한 의견들이 서비스에 어떻게 반영되었는지 공유하는 행사를 준비하게 되었습니다.

담당자로서 고민되었습니다. 자칫 행사가 '우리가 이렇게 잘했어요'라고 설명하는 자리가 되면 참석자들의 몰입감이 떨어질 게 뻔했습니다. 또 직원들 입장에서도 아무런 유대감이 없는 참석자들에게 서비스 개선 과정을 설명하는 자리가 부담스럽기는 마찬가지였습니다.

이리저리 고민하던 중에 주말에 우연히 〈불후의 명곡〉이라는 TV 프로그램을 보게 되었습니다. 그 프로그램을 보면서 '노래를 부르고 실시간 투표를 통해 즉석에서 100명의 호응도를 파악할 수 있는 경쟁 포맷'을 우리 행사에 적용하면 좋을 것 같다는 생각이 들었습니다.

결과는 대성공이었습니다. 참석자의 몰입도와 흥미는 물론, 설명하는 직원들 또한 투표를 위해 열심히 설명을 들어주는 사용자들의 모습에서 책임감을 느낄 수 있었지요.

디자이너나 마케터들은 평소에 좋은 레퍼런스를 모아두곤 합니다. 저 역시 주니어 때는 기사나 잡지에서 좋은 챠트 모양을 모아두곤 했습니다. 다양한 레퍼런스는 인사이트를 얻는 소중한 자원이 됩니다.

필요한 순간에 그동안 쌓아온 레퍼런스에서 아이디어를 얻을 수 있기 때문이지요. 하지만 간혹 레퍼런스를 잘 모으고 찾는 것이 인사이트를 얻는 일이라고 생각하는 경우가 있습니다. 여기서 중요한 것은 '필요한 순간'입니다. 레퍼런스가 아무리 좋아도 그 자체로는 힘이 없습니다. 레퍼런스를 참고하여 얻어내야 하는 필요성과 포인트가 있을 때 레퍼런스와 내 일과의 연결이 가능해집니다.

다양한 레퍼런스에서 어떠한 인사이트도 얻을 수 없는 근본적인 이유는 내가 고민해야 할 방향이 정해지지 않아서인 경우가 많습니다. 스스로 방향이 서지 않으면 리서치를 할수록 의미 없는 정보만 많아지고, 어떠한 레퍼런스도 연결시킬 수 없습니다. 내 일에 대한 고민이 먼저 진행된 후 근본적으로 해결해야 할 포인트가 명확해진 상태에서 해결책을 찾을 때 그동안 쌓아놓은 레퍼런스에서 적용할 수 있는 포인트를 잡을 수 있습니다.

생각의 늪에서 빠져나오는
생각 정리법

생각에도 미니멀리즘이 필요하다

"심플한 삶이란 적게 소유하는 대신

사물의 본질과 핵심으로 통하는 것을 말한다."

-《심플하게 산다》, 도미니크 로로

　최근 '정리 컨설팅'에 대한 관심이 높아지고 있습니다. 미니멀리즘을 추구하지 않더라도, 정리력은 누구에게나 일상에서 필요한 기술인 것 같습니다. 정리 노하우에도 여러 가지가 있지만, 가장 대표적인 컨설턴트로 알려진 곤도 마리에는 《정리의 힘The Life-Change Magic of Tidying up》에서 우선 설레지 않는 것들은 과감히 버리고, 나름의 기준을 세워 정리하라고 제안합니다.

　일을 할 때도 마찬가지입니다. 생각이 없어도 걱정이지만, 생각이 너무 많아도 걱정입니다. 고민하기 위해 자료를 찾다 보면 어느새 우선순위와 중요도 없이 나열된 정보가 뒤섞여 생각에 늪에 빠지곤 합니다. 마치 정리되어 있지 않은 옷들, 아까워서 버리지 못한 옷으로 가득한 옷장처럼 말이지요. 회의에서 나온 아이디어를 정리하기 위해, 가장 최선의 해결방안을 제안하기 위해, 기획서를 작성하기 위해 우리는 생각을 버리고 정리할 수 있어야 합니다.

가끔 옷장을 정리하다 보면 미처 있는지조차 몰랐던 옷을 발견하게 되거나, 소재만 다른 비슷한 디자인을 사모은 걸 보며 옷에 대한 제 취향을 발견하게 되기도 합니다. 일에서도 생각 정리를 하다 보면, 나열된 정보 속에 담긴 예상치 못했던 인사이트를 발견하게 될 수도 있고, 정보를 버리는 과정에서 오히려 메시지가 분명하게 정리되곤 합니다.

옷 정리	생각 정리
설레지 않는 옷은 과감히 버리기	메시지를 뒷받침하지 않는 정보는 버리기
기준에 맞춰 옷을 재분류하기	기준에 맞춰 정보를 그룹핑하기

지금부터, 생각을 정리하는 데 필요한 방법들에 대해 이야기를 나눠보겠습니다.

생각을 시각화하는 데 필요한 그룹핑 Grouping

사람은 다른 동물과 비교할 때 후각이나 청각은 약한 반면, 시각은 발달되어 시각적 입력을 가장 빠르게 인지한다고 합니다. 생각을 정리할 때는 머릿속으로 하기보다 가급적 '시각화'를 통해 정리하는 것을 추천합니다. 정보를 시각화하면 머리가 아닌 눈으로 정보를 마주하게 됩니다.

2011년, 한국인 최초 펠로 자격으로 TED 콘퍼런스에서 강연한 민세희 씨의 영상을 본 적이 있습니다. '데이터와 놀아서 좋은 일 몇 가지 Good things about playing with it'라는 강연에서 그녀는 "디지털 시대에서 엄청나게 쏟아지는 데이터 간의 숨겨진 관계를 찾아내고, 이것을 구조화·시각화함으로써 사람들의 행동 변화를 이끌어낼 수 있다"라고 강조합니다.

누구나 뉴스나 잡지를 글로 읽을 때는 잘 이해되지 않던 것이 시각화된 차트를 보고 단박에 이해된 경험이 있을 것입니다. 데이터를 시각화하는 것은 우뇌와 좌뇌를 동시에 작동시켜 의미를 제대로 인식하는 데 효과적이라고 합니다. 나열된 정보를 이해하기 위해서는 결국 요소 간의 관계를 다시 머릿속으로 정리하는 작업이 필요한데, 시각화된 차트나 도식은 이해의 과정을 단축해 빠른 시간에 정보를 파악하도록 돕는 것이지요.

정보를 시각화하면 좋은 점

- 단어만으로도 정보를 잘 전달할 수 있다.
- 복잡한 것도 어떠한 관계가 있는지 한눈에 파악할 수 있다.
- 기억하기 쉽다.

정보를 시각화하려면 어떻게 해야 할까요. 시각화의 핵심은 정보를 쉽고 빠르게 파악하도록 하는 것입니다. 따라서 복잡한 정보들을 잘 정리해서 단순화시키는 것이 필요합니다. 이때 필요한 것이 바로 '그룹핑'입니다. 그룹핑이란, '정보의 덩어리 짓기'라고 말할 수 있는데요. 즉 흩어져 있는 구슬(정보)을 묶어(그룹핑) 눈에 보이는 형태(시각화)로 만드는 것입니다.

예를 들어볼까요?

한 자동차 홍보팀에서 신차 출시를 앞두고 홍보 진행 방안을 논의했습니다. 회의를 마칠 즈음 팀장은 신입사원에게 "회의록 정리해서 메일로 공유해줘"라고 합니다. 회의에 집중하느라 딱히 메모도 하지 못했던 신입사원은 눈앞이 깜깜합니다. 흐릿한 기억을 부여잡고, 회의 내용을 다시 복기하면서 열심히 회의록을 작성했습니다.

　신입사원이 작성한 신차 홍보 논의 미팅 회의록입니다.

신차 출시 홍보방안 논의 회의록
(7월 7일, 마케팅팀)

- 광고팀에서 신차 광고 제작 및 집행
- 오프라인 기자간담회 추진은 홍보팀에서 진행
- 홍보팀에서 출시일에 맞추어 보도자료 배포
- 광고는 광고대행사를 통해 인터넷 배너와 오프라인 광고 준비
- 마케팅팀에서 바이럴 마케팅 진행
- 마케팅팀에서 출시일에 맞춰 검색에 노출될 수 있도록 검색 광고 및 이벤트 페이지 개설 준비
- 마케팅팀에서 특별 이벤트 페이지에 안내 브로셔 및 시승 상담 가능하도록 연동

　신입사원이 정리한 회의록을 보고 선배가 한마디합니다. "회의 내용을 이렇게 나열식으로 정리하면 어떻게 해!"라고요. 항목별로 나열하면 항목을 하나하나 읽어야 하기 때문에 시간도 오래 걸립니다. 그리고 중요도나 관계성에 대해 저마다 다르게 해석하게 될 가능성이 있습니다.

그럼, 정보를 정리해서 시각화하는 그룹핑을 해볼까요?

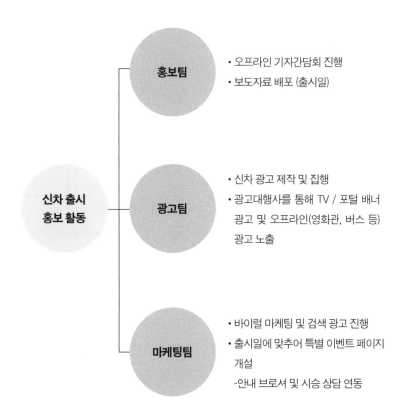

그룹핑은 평면적인 정보를 입체적인 정보로 만드는 작업입니다. 정보를 있는 그대로 나열하지 말고 항상 분류해보고 연결해보고 재배치하면서 의미있는 덩어리로 만드는 연습을 해보세요. 그룹핑 연습을 하다 보면, 커뮤니케이션하는 능력도 함께 키울 수 있습니다.

그룹핑을 도울 여러 가지 기법

그룹핑을 도울 몇 가지 기법도 함께 소개하겠습니다.

그룹핑을 도울 생각 정리 기법

- 마인드맵
- 만다라트
- 이슈트리
- 피라미드 스트럭처

제 경험상 브레인스토밍 같은 아이디어 발산 과정에서 마인드맵이나 만다라트 방식을 활용하면 효과적입니다. 문제 해결과 같은 논리적 설득력이 필요한 생각 정리에는 로직트리나 피라미드 스트럭처가 유용하니 참고하세요!

다만, 도구는 도구일 뿐입니다. 완벽하게 작성하는 데 애쓰지 마세요. 중요한 것은 내 생각을 잘 정리하는 것이므로 도움을 받는다는 마음으로 활용해보기 바랍니다.

마인드맵 기법

마인드맵 기법은 말 그대로 '생각을 지도로 그리는 것'입니다. 마인드맵을 사용하면 한 가지 이슈에 대해 떠오르는 생각이나 정보를 지도의 형태로 그려가면서 생각을 정리해갈 수 있습니다.

저는 주로 회의하면서 브레인스토밍을 하는 과정에서 칠판에 마인드맵을 그리곤 하는데, 요즘 친구들은 공부한 내용을 요점 정리하거나 회의 자료를 만들 때에도 마인드맵 무료 소프트웨어를 사용해서 작성하는 경우가 많더군요(예: 알마인드맵, 엑스마인드 등).

작성하는 방법은 간단합니다.

1. 먼저 종이 한가운데에 원을 하나 그리세요. 원에는 가장 핵심이 되는 키워드(중심 토픽)를 적습니다.
2. 이 키워드와 관련되어서 생각나는 단어 혹은 문장들(주요 토픽)을 원에 적어 넣습니다.
3. 각각의 원을 선으로 연결하여 관계를 표현합니다.
4. 다시 주요 토픽을 중심으로 떠오르는 생각들(하위 토픽)을 원에 적습니다.

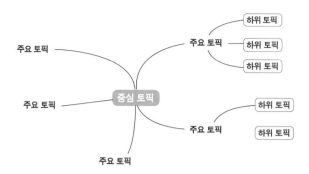

이런 과정을 반복하게 되면 하위 토픽이 주요 토픽으로 올라오게 되기도 하고, 재그룹핑이 이뤄지기도 합니다. 이렇게 계속 거미줄을 치듯 생각들을 연결해나가면 이슈와 관련된 생각들이 선명해지고 방향성이 생기게 됩니다.

예) 교육 진행 체크 리스트

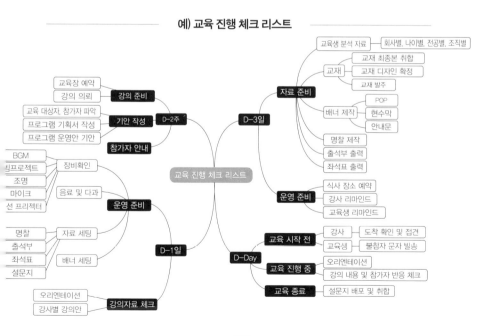

PART 2. '내 생각'을 정리한다는 것

만다라트(Mandal-Art), 연꽃 기법

만다라트는 일본의 야구선수이자 메이저 리그 선수인 오타니 쇼헤이가 고등학교 1학년이었을 때 프로선수라는 꿈을 이루기 위해 활용했던 툴로 유명합니다. 만다라트는 일본의 마쓰무라 아스오가 개발한 사고 기법이라고 하는데요. 처음에는 연꽃이 활짝 핀 모습처럼 아이디어를 다양하게 발상해 나간다고 해서 '연꽃 기법'이라고 불렀다고 합니다. 그런데 이 차트 모습이 마치 불교의 만다라^Mandala 형태와 유사하다고 하여 '만다라트^Mandal-Art'라고도 불리게 된 것이지요.

일본의 괴물 투수 오타이 쇼헤이의 만다라트

몸관리	영양제 먹기	FSQ 90kg	인스텝 개선	몸통 강화	축 흔들지 않기	각도를 만든다	위에서 부터 공을 던지다	손목 강화
유연성	몸 만들기	RSQ 130kg	릴리즈 포인트 안정	제구	불안정 없애기	힘 모으기	구위	하반신 주도
스테미너	가동역	저녁 7숟갈 아침 7숟갈	하체 강화	몸을 열지 않기	멘탈 컨트롤	볼을 앞에서 릴리즈	회전수 증가	가동력
뚜렷한 목표와 목적	일희일비 하지 않기	머리는 차갑게 심장은 뜨겁게	몸 만들기	제구	구위	축을 돌리기	하체 강화	체중 증가
핀치에 강하게	멘탈	분위기에 휩쓸리지 않기	멘탈	8구단 드래프트 1순위	스피드 160km/h	몸통 강화	스피드 160km/h	어깨주변 강화
마음의 파도를 안만들기	승리에 대한 집념	동료를 배려하는 마음	인간성	운	변화구	가동력	라이너 캐치볼	피칭 늘리기
감성	사랑받는 사람	계획성	인사하기	쓰레기 줍기	부실 청소	카운트볼 늘리기	포크볼 완성	슬라이더 구위
배려	인간성	감사	물건을 소중히 쓰자	운	심판을 대하는 태도	늦게 낙차가 있는 커브	변화구	좌타자 결정구
예의	신뢰받는 사람	지속력	긍정적 사고	응원받는 사람	책읽기	직구와 같은 폼으로던지기	스트라이크 볼을 던질 때 제구	거리를 상상하기

만다라트(또는 연꽃 기법)는 앞서 마인드맵과 마찬가지로 하나의 주제에 대한 하위 주제를 설정하고 아이디어를 확산하는 데 도움이 됩니다. 마인드맵은 떠오르는 생각의 흐름에 따라 무한대로 토픽을 작성해나갈 수 있는 반면, 만다라트는 정해진 개수(총 81개) 안에서 생각을 정리합니다.

만다라트를 작성하는 방법은 다음과 같습니다.

1. 정사각형을 그리고, 총 9개 칸(3×3)으로 나눕니다.
2. 맨 가운데 칸에 가장 핵심이 되는 키워드를 적습니다. 해결하거나 정리하고 싶은 과제, 이슈, 주제를 적는 것이지요. 예를 들어 '일과 삶의 균형 잡기'라고 말이지요.
3. 핵심 주제와 관련된 하위 주제 8개를 적습니다. 예를 들어 '건강 관리 / 업무 효율성 높이기 / 취미 세팅 / 마음 관리 / 관계 정리 / 좋은 습관 만들기 / 부캐 만들기 / 경제적 자유'
4. 적어놓은 8개의 세부 주제를 중앙에 있는 사각형 주변에 있는 8개의 사각형 중심에 옮겨 적습니다.
5. 다시 8개의 하위 주제에 대하여 8개씩의 아이디어를 생각하여 칸을 채웁니다.

	세부 목표			세부 목표			세부 목표	
			세부 목표	세부 목표	세부 목표			
	세부 목표		세부 목표	핵심 목표	세부 목표		세부 목표	
			세부 목표	세부 목표	세부 목표			
	세부 목표			세부 목표			세부 목표	

하하부장의 만다라트

8시간 수면	아침 해독 쥬스	하루 물 8잔	업무 계획 세우기	업무 분장	권한 이임	캠핑	웹툰 읽기	드라마 보기
홈트하기	건강 관리	식사 후 30분 산책	집중 생각 시간	업무 효율성 높이기	자세 교정	보태니컬 아트	취미 세팅	식물 키우기
자세 교정	만보 걷기	채식하기	일과 삶 공간 분리	업무 중간 스트레칭	노트북 폴더 정리 자주하기	팟캐스트	독서	요리
감사 표현 자주하기	칭찬 자주하기	생일 챙기기	건강 관리	업무 효율성 높이기	취미 세팅	하루시작 전 명상	현재에 감사	미래 걱정 안 하기
화내지 않기	좋은 관계	안부전화 하기	좋은 관계	삶의 균형 잡기	마음 관리	긍정적인 말	마음관리	과거 후회하지 않기
경조사 챙기기	불필요한 관계 정리	짜증내지 않기	좋은 습관 만들기	부캐 만들기	경제적 자유	잠자기 전 기도	호흡법 연습	세 줄 일기 쓰기
한 달에 한 번 물건 정리	쟁이기 습관 줄이기	집안일은 그때그때	작가	일 멘토	강사	월급관리	부동산 공부	주식 공부
집밥 먹기	좋은 습관	물건 사기 전에 시간 갖기	봉사자	부캐 만들기	블로거	가계부 쓰기	세부 목표	불필요한 소비 줄이기
1일 1포스팅	텀블러 쓰기	세 줄 일기 쓰기	집사	대모	바리스타	통장 관리	보험 정리	적금 가입

이슈트리(Issue Tree)

이슈트리란, '이슈(어떤 주제나 문제)'를 최상위에 두고, 하위 이슈를 나무 형태로 가지치기하며 정리해 나가는 것을 말하는데요. 맥킨지 컨설팅에서 고안한 문제 분석 기법의 하나로 '로직 트리'라고도 합니다.

이슈트리를 작성하면 문제를 쪼개는 과정을 통해 이슈를 구체화할 수 있는 장점이 있습니다. 또한 이슈에 대한 가설을 순차적으로 검증할 수 있습니다. 작성된 이슈트리를 보면 관련된 이슈를 전체적으로 파악할 수 있기 때문에 해당 이슈에 대해 잘 모르는 사람과 커뮤니케이션하는 데도 유용합니다.

이슈트리는 첫째, 이슈의 원인이나 이유를 찾기 위해 '~이 잘못된 원인은?' '~이 성공한 이유는?' 등과 같은 질문을 하며 작성할 수도 있습니다. 둘째, 이슈의 구성 요소를 파악하기 위해 '~을 구성하는 항목은?'이라고 질문하며 전개해나갈 수도 있습니다. 또 셋째, 이슈의 해결책을 찾기 위해 '~을 해결하려면?'이라고 질문할 수도 있습니다.

작성하는 방법은 이렇습니다.

1. 왼쪽에 이슈를 적습니다.
2. 이슈를 쪼개 하위 이슈로 세분화시켜 선개합니다.
3. 하위 이슈가 더 세분화할 수 없는지 생각해보며 반복합니다.

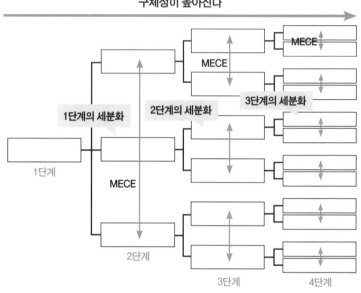

구체성이 높아진다

1단계의 세분화

2단계의 세분화

3단계의 세분화

1단계

2단계

3단계

4단계

MECE

MECE

MECE

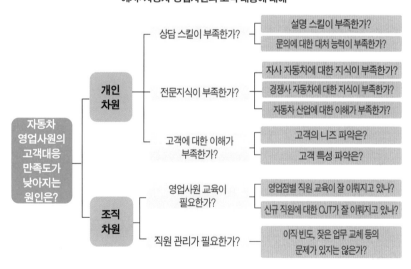

예시: 자동차 영업사원의 고객 대응에 대해

자동차 영업사원의 고객대응 만족도가 낮아지는 원인은?

개인 차원

상담 스킬이 부족한가?

설명 스킬이 부족한가?

문의에 대한 대처 능력이 부족한가?

전문지식이 부족한가?

자사 자동차에 대한 지식이 부족한가?

경쟁사 자동차에 대한 지식이 부족한가?

자동차 산업에 대한 이해가 부족한가?

고객에 대한 이해가 부족한가?

고객의 니즈 파악은?

고객 특성 파악은?

조직 차원

영업사원 교육이 필요한가?

영업점별 직원 교육이 잘 이뤄지고 있나?

신규 직원에 대한 OJT가 잘 이뤄지고 있나?

직원 관리가 필요한가?

이직 빈도, 잦은 업무 교체 등의 문제가 있지는 않은가?

피라미드 구조(Pyramid Structure)

피라미드 구조란 전달하려는 결론(내 생각), 결론을 지지하거나 입증하는 주요 요점, 각 요점의 내용을 지지하거나 입증하는 사실 혹은 근거의 순서대로 그려나가는 기법입니다. 맨 꼭대기에는 결론이 기술되어 있고, 그 아래에는 이를 증명할 수 있는 복수의 항목들이 나열되기 때문에 자연스럽게 아래로 넓어지는 삼각형 형태의 피라미드 모양이 됩니다.

앞서 이슈트리가 하나의 이슈를 세분화시켜 나가면서 문제를 해결하는 다양한 이슈들을 빠짐없이 도출할 수 있다면, 피라미드 구조는 말하려는 주장과 이 주장을 뒷받침할 수 있는 근거들이 순서대로 나열되어 있기 때문에 누군가를 설득하는 데 유용합니다. 상대방의 입장에서 피라미드 구조를 보게 되면, '아! 말하고 싶은 게 이거군. 그렇게 말한 이유는 바로 이것 때문이고'의 흐름으로 이해할 수 있습니다.

피라미드 구조를 작성하는 방법입니다.

1. 우선 맨 상단에 말하려는 핵심 메시지(결론)를 기술하세요.
2. 그다음 핵심 메시지를 가장 잘 설명할 수 있는 논리 구조를 정해봅니다 (논리 구조는 뒤에 이어서 말씀드릴게요).
3. 논리 구조에 맞춰 핵심 메시지의 주요 요점(A, B, C)을 정리합니다.

4. 주요 요점(A, B, C)을 뒷받침할 수 있는 근거들을 묶어 각각의 하위 요소
(a~i)로 정리합니다.

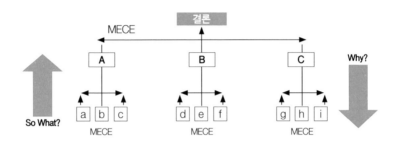

작성한 피라미드 구조는 검증 과정을 통해 논리적으로 단단하게 만들어
가는 게 좋습니다. 예를 들어 상위 요소를 보면서 'Why?'라는 질문을 던졌을
때 나오는 근거들이 하위 요소가 되어야 하고, 하위 요소를 보며 'So what?'
이라는 질문을 던졌을 때 나오는 답변의 요약이 상위 요소가 되어야 합니다.

그룹핑이 MECE^{Mutually Exclusive, Collectively Exhaustive}한지 점검하자!

간혹 누군가의 프레젠테이션을 듣다 보면 앞에서 했던 얘기를 반복해서
하거나, 혹은 문서에 자료들이 여기저기 흩어져 있어 앞뒤로 넘겨가며 찾아
봐야 하는 경우가 있습니다. 이런 일들은 하려는 얘기들이 그룹핑을 하는 과

정에서 제대로 정리되지 않았을 때 자주 발생합니다. 이런 난처한 상황을 방지하는 데 유용한 개념이 바로 'MECE^Mutually Exclusive, Collectively Exhaustive'입니다. MECE란, 이슈가 서로 중복되지 않으며^ME: Mutually Exclusive, 전체적으로는 최상위 문제 및 상위 단계 이슈의 모든 측면을 포괄하는 것^CE: Collectively Exhaustive을 의미합니다. 즉 요소 간의 중복과 누락, 혼재가 없는 상태를 말하지요.

그룹핑을 할 때에는 MECE하게 정리되었는지 점검하는 것이 필요합니다. 일차적으로 그룹핑을 한 뒤에는 간혹 같은 요소들이 중복해서 들어가 있거나, 혹은 상위의 결론을 내기에 하위 요소만으로는 설명되지 않는 경우가 있습니다. MECE하지 않은 상황인 것이지요. 이때는 적절하게 재배치하거나 추가, 삭제함으로써 MECE하도록 만들 필요가 있습니다.

기존에 MECE하게 정리된 논리 구조를 활용하는 것도 도움이 됩니다. 일정한 패턴에 맞추어 생각을 정리하면 완성도와 효율성을 높일 수 있습니다. 목적에 맞추어 골라 쓸 수 있도록 이미 널리 사용되는 다양한 논리 구조를 알아둘까요?

누구에게나 익숙한 프레임워크 활용하기

이미 MECE하게 정리된 프레임워크를 사용하면 논리적 오류에 빠지지 않고 정보를 그룹핑할 수 있습니다.

- 3C : 고객^{Customer}, 경쟁사^{Competitor}, 자사^{Company}

- 4P: 제품/상품^{Product}, 가격^{Price}, 판촉^{Promotion}, 유통^{Place}

- SWOT: 강점^{Strength}, 약점^{Weakness}, 기회^{Opportunity}, 위협^{Threat}

- 7S: 공유가치^{Shared value}, 전략^{Strategy}, 조직구조^{Structure}, 시스템^{System}, 구성원^{Staff}, 스킬^{Skill}, 스타일^{Style}

- 5W2H: Why, What, Where, When, Who, How, How much

서로 대비되는 프레임워크 활용하기

차이점이 부각되는 대비 프레임워크를 활용할 수도 있다.

- 우리 회사에 있는 것, 없는 것(더하기 ⇔ 빼기)

- 일의 기쁨과 슬픔 / A제품의 좋은 점과 안 좋은 점(장점 ⇔ 단점)

- B제도에 대한 내부 평가, 외부 평가(내부 ⇔ 외부)

- C사업 부서 내에서 매출이 증가한 제품과 감소한 제품(증가 ⇔ 감소)

- C 프로모션 진행 전과 후의 매출 변화(전 ⇔ 후)

예시: 연수원을 건축하면 무엇이 좋을까?

연수원 건축 전	연수원 건축 후
• 교육 특성에 맞추어 자유로운 공간 활용이 어려움	• 교육 취지와 내용에 따라 제약 없이 공간 구성이 가능하여 교육 효과 극대화
• 매번 교육장 확보에 시간과 비용이 소요됨	• 교육 장소의 제약 없이 최적의 교육 일정과 인원으로 교육 운영이 가능함
• 타회사의 직원들이 같은 공간을 공유하게 되어 소속감이 떨어짐	• 자사 구성원들의 소속감을 느낄 수 있는 다양한 공간 설계가 가능함

순차적인 프로세스를 활용하기

- 업무개선 프로세스: Plan(계획) ⇨ Do(실행) ⇨ Check(검토) ⇨ Action(개선)

- 시간의 프로세스 : 과거(전) ⇨ 현재(중) ⇨ 미래(후)

- 소비 행동의 흐름[*] : 주의Attention ⇨ 흥미/관심Interest ⇨ 검색Search ⇨ 행동Action ⇨ 공유Share

---

[*] **소비 행동의 흐름:** 일본의 광고회사 덴쓰(Dentsu)에서 인터넷 시대에서 일어나는 소비 행동을 정리한 AISAS 모델

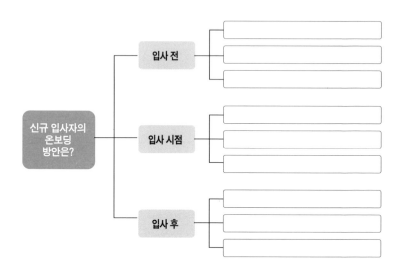

신규 입사자의
온보딩
방안은?

입사 전

입사 시점

입사 후

일에 대한 '내 생각'을 정리하는 데 도움이 되는 방법들

'내 생각'을 만드는 비판적 사고	비판적으로 생각하는 습관이 일에 대한 '내 생각'을 갖도록 만들어준다.
'내 생각'을 셀링하기 위한 필수 조건, 이유	의사결정을 받기 위해서는 내 생각에 대한 '이유'를 말할 수 있어야 한다.
현장에서 찾는 근거: 사용자 인터뷰와 데이터 분석	내 생각에 확신을 가지기 위해 현장 사용자의 생생한 목소리와 데이터에서 증거를 수집한다.
발견과 연결에서 얻는 인사이트	통찰력 있는 내 생각, 즉 인사이트는 관심과 관찰에서 오는 발견의 결과이며, 고민의 지점에서 레퍼런스를 연결하는 과정을 통해 얻어진다.
심플하고 명료하게, 생각 정리하기	내 생각을 논리적이고 시각적으로 잘 정리하면 단순하고 명확하게 커뮤니케이션할 수 있다.

PART 3

일에 대한
의사결정을
받는다는 것

까이는 보고서와
팔리는 보고서의 한 끗 차이

"매일 우리는
But과 싸움을 한다."

괜찮기는 한데, 뭔가 아쉽단 말이지….
심플하지만, 촌스럽지 않게 부탁해!
우리가 논의한 내용은 많은데,
보고서에 잘 안 드러나는 거 같아….

보고서 때문에,
보고서 덕분에

'너 때문에'라는 말은 (간혹 긍정적으로 사용되기도 하지만) 주로 상대방을 탓하는 부정적인 맥락에서 사용되곤 합니다. 반면, 감사의 의미를 담고 있는 '너 덕분에'라는 말은 주로 긍정적인 맥락에서 사용되곤 하지요.

우리는 '~ 때문에 직장생활 힘들어 못하겠다'는 말을 하곤 합니다. 그 원망의 대상으로 둘째가라면 서러운 것이 바로 보고서입니다. 보고서로 속을 썩어본 사람은 공감할 거라고 생각합니다. 야근 빈도를 높이고, 직장생활에 대한 만족도를 떨어뜨리는 주범이라는 것을요. (보고서는 회사에 따라 유형도 다르고 불리는 이름도 다양합니다. 여기서는 일의 상황을 보고/공유하기 위해 작성하는 문서를 통칭하겠습니다.)

그런데 말입니다. 보고서가 부정적이기만 했다면 분명 많은 회사에서는 보고서 작성하는 것을 진작에 없앴을 텐데, 여전히 많은 기업이 커뮤니케이션을 하는 데 보고서를 사용하고 있습니다. 보고서로 커뮤니케이션을 하면 어떤 점들이 좋을까요.

우선, 보고서는 쉽게 휘발되는 말에 비해 상대방의 이해를 돕거나 과정의 근거를 남긴다는 점에서 유용합니다(아마 보고서가 없다면 자신이 한 말에 오리발을 내미는 사람들이 한둘이 아닐 겁니다). 또 보고서를 작성하는 과정에서 우리의 생각을 좀 더 일목요연하게 다듬고 논리를 만들어가게 됩니다(가끔은 보고서를 쓰면서 예상치 못한 상대방을 설득시킬 킬링 포인트를 얻곤 합니다). 다 만들어진 보고서는 여러 부서가 함께 일을 하는 데 가이드라인이 되기도 합니다(마케팅 기획 문서는 디자이너에게는 디자인 방향성을 제시해주고, 홍보 담당자에게는 기사의 핵심 메시지를 알려주지요). 우리는 보고서 때문에 골치 아프기도 하지만, 보고서 덕분에 얻을 수 있는 장점도 분명한 것 같습니다.

사실 1인 기업이 아닌 이상, 일을 하기 위해 모인 우리는 누군가와 일에 대해 얘기를 나누어야 합니다. 즉 일에 대해서 커뮤니케이션을 해야 하는 것이지요. 이 커뮤니케이션은 보통은 말로써 혹은 말(언어)이 아닌 다른 수단(비언어)으로 이뤄지는데 보고서는 바로 이 말이 아닌 것의 대표 선수인 셈입니다. 여기서 잊지 말아야 할 지점은 보고서가 '일'에 대한 이야기를 나누는 하나의 '수단'이지 '목적'이 아니라는 점입니다. 보고서 작성이 어려운 이 유를 이런 관점에서 고민해보면 뭔가 좋은 방안이 있지 않을까요.

커뮤니케이션 대표적인 모델로 알려진 'SMCRE 모델'입니다.

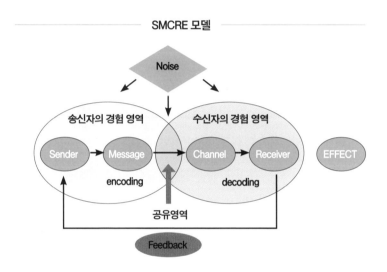

커뮤니케이션이 일어나기 위해서는 정보를 전달하는 사람^{Sender}와 상대방 ^{Receiver}이 있어야 합니다. 그리고 그 사이에서 주고받는 것이 바로 '메시지 ^{Messages}'입니다. 이때 정보는 통로^{Channel}를 통해 전달되고 전달받은 사람은 메 시지에 대한 반응인 피드백^{Feedback}을 하게 됩니다.

이 커뮤니케이션 모형을 보고서 관점으로 다시 그려볼까요.

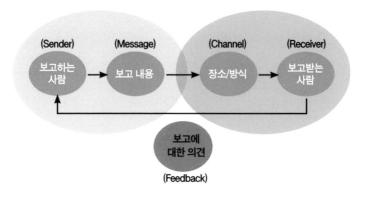

커뮤니케이션에서 중요한 것은 '전달자의 의도를 수신자가 제대로 해석하느냐'인데, 커뮤니케이션 왜곡은 전달자가 내용을 만드는 과정^{Encoding}과 수신자가 해석^{Decoding}하는 과정에서 일어나게 됩니다. 즉 보고하는 사람인 우리가 말하고자 하는 내용을 보고서에 잘못 담아내거나, 우리가 전달한 내용을 보고받는 사람이 잘못 해석하는 데서 일어나는 것이지요.

반대로 이것을 잘 신경 쓴다면 우리는 보고서 때문에 속 썩는 일을 상대적으로 줄일 수 있습니다.

> 1. 내가 전달하고자 하는 내용을 보고서에 '잘' 담아내려면?
> 2. '상대방'이 '잘' 해석할 수 있도록 하려면?

그렇다면 이 두 가지 고민을 어떻게 해결할 수 있을까요. 저 나름대로의 해결책은 이렇습니다.

1. 내가 전달하고자 하는 내용을 보고서에 '잘' 담아내려면?

How to 1. 상대방이 듣고 싶은 얘기로 스토리를 전개한다.

How to 2. 프로토타입을 작성해서 내용이 잘 전달되는지 점검한다.

2. '상대방'이 '잘' 해석할 수 있도록 하려면?

How to 1. 직관적으로 이해가 가능한 문장과 도식을 고민한다.

How to 2. 보고 내용이 아닌 보고 타이밍 때문에 트집 잡힐 일을 만들지 않는다.

지금부터 자세히 살펴볼까요?

보고서를 목적으로 하면 생기는 일

한때 기업에서 '한 페이지 보고서[1 page report]'가 유행한 적이 있습니다. 직원들 대상으로 관련 교육도 많이 진행되었고요. 사실 이전에는 보고서 내용보다 보고서 작성에 공을 들이는 문화가 강했던 터라, 한 장으로 작성하자는 운동(?)은 꽤 긍정적인 영향을 미쳤다고 생각합니다. 하지만 사안에 따라 한 페이지로 보고하기에는 관련된 이슈들을 논의하기 어려운 경우도 있고, 사람에 따라서는 순차적인 흐름에 따라 이해하는 게 편한 사람도 있습니다. 때문에 무조건 한 페이지 이내로 보고서를 작성하라는 가이드는 또 다른 부담감을 줄 수 있다고 생각합니다.

보고서를 작성하는 데 불필요한 에너지를 쓰지 않도록 하기 위해 가장 좋은 방법은 보고의 내용을 가장 잘 아는 리더가 과한 분량과 형식에 치우친 보고서에 대해 적절한 피드백을 하는 게 아닐까 생각해봅니다. 보고서가 일의 효율적인 수단이 될 수 있도록 말이지요.

보고서 작성 자체가 목적이 되면 생기면 안 되는 이유

1. 효율성이 떨어진다
보고서 자체가 목적이 되면 좀 더 멋진 보고서를 잘 만들고자 더 멋진 도표와 더 엣지 있는 문구가 없을까 공을 들이게 됩니다. 결국 업무 진행 속도가 느려져 업무 효율성이 떨어지게 되지요.

2. 형식에 얽매이게 된다
1억 원의 비용이 들어가는 행사라도 이미 필요성에 대해 합의되어 있거나 매년 해오는 행사라면 차이점만 간단하게 비교한 메모 보고로도 가능합니다. 하지만 보고서 자체를 신경 쓰다 보면 보고서의 완결성을 높이고자 불필요한 내용까지 담아내야 하는 본말전도[本末顚倒]에 빠지게 됩니다.

3. 상대방이 아닌 나에게 초점이 맞춰진다

보고서 자체에 신경을 쓰다 보면 '내가 하려는 얘기가 다 담겼나? 할 얘기가 더 없나'라고 내 입장에서만 생각하기 쉽습니다. 결국 상대방이 아닌 내 입장을 강요하게 되어, 정작 할 얘기는 다 했지만 상대방의 머릿속에는 남지 않을 수도 있습니다.

보고하고 싶은 보고서여야, 보고받는 사람도 듣고 싶다

상대방이 듣고 싶은 보고에는

3가지 마음이 담겨 있다

"이 재킷을 사지 마세요, 꼭 필요하지 않으면!"

광고인데 사지 말라니요! 2011년 11월 블랙 프라이데이 시즌에 파타고니아가 〈뉴욕타임스〉에 실은 광고문구입니다. 옷들이 많이 소비되는 블랙 프라이데이에 상품을 생산하는 과정에서 환경이 파괴되는 우려를 담아낸 광고입니다. 물론 역설적이게도 이 광고가 실린 뒤에 파타고니아의 매출이 오히려 약 40% 이상 급성장했다고 합니다. 혹자는 이것이 영리한 마케팅이라고 하기도 하지만, 저는 생각이 좀 다릅니다.

고객들은 생각보다 꽤 똑똑합니다. 만약 이 광고 카피가 마케팅용으로만 만들어진 것이었다면 고객들은 반응하지 않았을 것입니다(저 역시 이 광고 카피를 단순히 패러디한 광고 제품은 불편한 감정이 들어 진짜 사지 않게 되더군요). 그동안 파타고니아가 일관되게 보여준 환경에 대한 철학에 공감하던 고객들이었기에 이 광고가 소구력을 가질 수 있었던 것이지요

저는 이 광고의 힘은 메시지에 대한 진심, 사지 말라는 문구가 자극한 호기심, 브랜드가 추구하는 선한 가치에 동참하고 있다는 이심전심에서 나왔다고 생각합니다.

여러 부서 담당자가 한데 모여 업무 보고를 하는 회의에서는 동시에 여러 안건이 진행되다 보니 비교가 잘 되곤 합니다. 누군가의 보고는 시작부터 골치 아프게 느껴지고, 누군가의 보고는 궁금증을 유발합니다. 보고를 듣고 싶게 만들기 위한 세 가지 마음, 즉 이심전심, 호기심, 진심이 있고 없고에 따라서 말이지요.

파타고니아 PATAGONIA 브랜드에 대해

"We're in Business to save our home planet,"

"우리는 우리의 터전, 지구를 되살리기 위해 사업을 합니다."

- 파타고니아의 사명

파타고니아의 창업자 이본 쉬나드는 '피톤'이라는 등반 장비를 만드는 '쉬나드 이퀴먼트'로 사업을 시작했습니다. 시중 제품의 내구성에 불만을 가진 쉬나드가 직접 만든 피톤은 산악인들의 큰 관심을 받았지만, 많이 팔릴수록 피톤이 바위에 변형을 주어서 자연이 파괴된다는 사실을 알고 이 사업을 중단하기로 결정합니다. 대신 바위에 박히는 '피톤'이 아닌 바위에 박히지 않는 '알루미늄 너트'를 만들게 되지요.

1973년 쉬나드는 '파타고니아'를 설립하고 의류생산에 집중하게 됩니다.

파타고니아는 100% 유기농 목화를 사용하는 것으로 유명한데, 이유는 이렇습니다. 1988년, 보스턴 매장에 근무하는 직원들이 자꾸 아프기 시작했는데, 이유를 알아보니 면제품을 보관한 지하창고에서 포름알데히드가 검출됐다고 합니다. 이를 계기로 회사에선 면 제품에서 얼마나 많은 화학물질이 나오는지 연구하게 됐고, 1996년부터 모든 제품에 유기농 방식으로 재배한 목화에서 나온 면을 사용하기 시작한 것이죠. 일반 목화에 비싸지만 자연을 생각하는 기업으로써 책임을 다한 선택이었습니다. 또한 수명이 다한 폴리에스테로 소재를 재활용하여 업사이클링 의류를 생산하고, 매년 매출 1%를 전 세계와 지역 사회에서 활동하는 환경 단체들을 지원하는 등 창업 때부터 지금까지 파타고니아는 그들의 경영철학을 지켜나가고 있습니다.

"우리가 아무리 노력해도 우리가 자연에서 얻는 것보다
자연에 되돌려주는 것이 적다."

- '파타고니아'의 '철학이사' 빈센트 스탠리

이심전심을 통한 공감지수 높이기

누구나 자신이 관심 있는 것을 듣고 싶어 합니다. 아무리 좋은 이야기라고 하더라도 내 일이 아니면 듣고 싶지 않기 마련이지요. 아무리 논리적으로 매끄럽게 정리되었다 한들 상대방이 귀를 기울이지 않으면 헛수고가 됩니다.

보고받는 사람은 이 보고를 통해 자신의 고민이 해결되었으면 하는 마음으로 보고를 받습니다. 때문에 우리는 '오늘 내가 하려는 이야기는 당신이 듣고 싶은 그 이야기예요'라는 마음을 전할 수 있어야 합니다. '정말? 그럼 어디 한번 들어볼까?' 하고 몸이 앞으로 나오도록 말이지요.

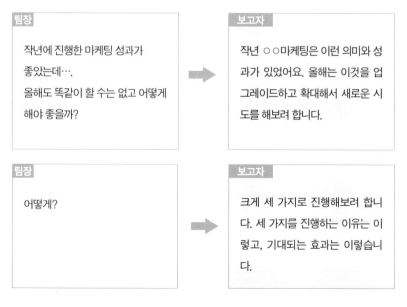

호기심을 자극하여 몰입시키기

회사의 복지제도가 크게 바뀐 적이 있었습니다. 변화한 복지 제도를 직원들과 공유하는 설명회가 마련되었죠. 공지로 하면 될 것을 안 그래도 바쁜데 시간을 뺏는다 싶어 투덜거리면서 참석했습니다. 그런데 지루한 설명회를 예상했던 제 생각과는 달리, 첫 시작부터 신선했습니다.

설명회에서는 두 개의 숫자를 보여주며 이것이 무엇을 의미하는지에 대해 질문을 던졌습니다(설명회 시점이 꽤 오래전임을 고려하여 아래 숫자는 가상임을 밝힙니다).

두 개의 숫자가 의미하는 것은 바로 직원들의 평균 연령이었습니다. 지난 10년간은 회사의 평균 연령이 29세로 매우 젊었지만, 최근 직원들의 평균 연령이 30대 중반을 넘어서게 되자 사원들에게 필요한 복지가 달라지게 되었다는 것이지요.

이러한 도입은 참석자들의 호기심을 자극하기에 충분했습니다. '아, 진짜 그러네? 나도 이제 20대가 아니지….' '그럼 30대에게 필요한 복리 후생은 어떤 것들이지?'라고 말이지요.

우리는 '보고받는 사람이 호기심을 가지게 하려면 어떻게 시작해야 할까?'에 대해 고민해야 합니다.

"내가 이 보고를 받는다면, 난 흥미로울까?"

자세한 설명을 듣기도 전부터 '아, 이런 얘기겠구먼' '지난번 그거랑 똑같은 거 아냐?'라고 판단하게 되면, 아무리 좋은 내용이라 하더라도 참가자의 눈과 귀는 일단 닫히게 됩니다. 더욱이 이어지는 설명이 참가자의 예측과 일치한다면 이미 승부는 끝난 게임이 됩니다.

도입뿐 아니라 내용 전개에서도 마찬가지입니다. 저는 보고서를 작성하거나 검토할 때, 반드시 페이지마다 사람들이 호기심을 가질 만한 포인트가 하나라도 포함되어 있는지 점검합니다.

"매 페이지에 새로운 정보나 관점이라고 할 만한 포인트가 있는가?"

페이지마다 하나씩 말할 거리가 없다면 보고하는 사람도, 보고받는 사람도 지루한 건 마찬가지입니다. 한 페이지에 너무 많은 포인트가 있다면 적절하게 페이지를 나누고, 특별한 포인트가 없는 페이지는 참고만 할 수 있도록 부록으로 빼놓습니다. 그렇게 하면 보고는 짧지만 몰입감 있게 마칠 수 있습니다.

진심을 통한 신뢰 얻기

마지막으로 진심이 전해져야 합니다. 진심을 다해서 고민하면 보고서에도, 보고하는 사람에게서도 진심을 느낄 수 있습니다.

"우리의 진짜 고객은 누구인가?"
"고객이 원하는 것은 무엇인가?"
이번 프로젝트를 고민하면서 저희가 던진 질문들입니다.

이번 과제에서 주요 이해관계자는 크게 세 가지로 구분해볼 수 있는데
이번에는 우선 두 가지에 대해 보고드리겠습니다.
나머지 한 부분은 아직 충분한 자료가 수집되지 않아 고민이 깊지 못한데요.
사업을 진행하면서 좀 더 면밀하게 고민해보겠습니다.

이 가운데 저희가 가장 잘할 수 있는 것부터 집중하겠습니다.
이를 위해 유관부서 회의체를 지원해주시기 바랍니다.

리더는 이미 실무자로서 유사한 프로젝트를 수없이 진행해본 사람들입니다. 때문에 '이렇게만 하면 모든 것이 다 잘 될 수 있다'는 과장이나 지나친 자신감은 오히려 신뢰감을 떨어뜨리게 됩니다.

진짜 이 일을 잘 되게 하기 위해서 스스로 최선을 다해 고민한 부분들을 공유합니다. 그리고 지원이 필요한 부분, 고민이 되는 부분이 있다면 솔직하게 도움을 요청하세요. 솔직하게 보고한다는 느낌이 들 때 모두가 함께 이 일을 만들어간다는 마음으로 의사결정을 하게 될 것입니다.

보고 흐름이 잘 짜이면 보고가 하고 싶어진다

앞서 살펴본 일련의 과정을 통해 이 일의 본질이 무엇인지, 이 일에 대한 내 생각이나 해결방안을 고민해서 정리했다면, 이제 보고할 내용을 추립니다.

일의 핵심

이 일은 ○○을 해결하기 위한 일이다.

해결하기 위해 가장 좋은 방법은 ○○이고, 근거는 ○○이다.

- **보고의 목적**: 이 보고의 결론은 ○○을 해결하기 위해 ○○을 제안하는 것이다.
- **보고의 대상**: 이 보고는 ○○에게 하는 것이다.
- **보고의 내용**: 이 보고에서 말하고 싶은 내용은 이것들이다.

(저는 가급적 3개, 많아도 5개 이하로 정리합니다.)

그다음에는 이 내용들을 들을 보고의 목적, 보고받을 사람을 생각하면서 문서의 흐름을 어떻게 끌고 갈지 고민해야 합니다.

동일한 프로젝트라 하더라도, 프로젝트 기획 단계에서 의사결정을 받기 위한 보고, 프로젝트 진행 중간에 진행 상황을 공유하는 보고, 프로젝트를 함께하고 있는 유관 부서에 업무를 요청하는 문서, 프로젝트를 마치고 성과를 보고 등 상황에 따라 문서의 흐름은 달라지게 됩니다.

예시를 보면서 살펴볼까요?

연습해 보기 1

동일한 제안 보고라도 보고받는 사람이
이 프로젝트에 대해 어느 정도 알고 있고,
어떤 것에 관심이 있는지에 따라 달라지는 문서 흐름

상황

2년 전에도 전략 상품 판매가 부진하여 추가 마케팅을 진행했지만,
미션을 달성하지 못한 사례가 있었습니다. 따라서 보고받는 사람은
추가 프로모션이 과연 효과가 있을지에 대해 궁금한 상황입니다.

조언

우선, 보고서의 가장 처음은 반드시 결론부터 시작합니다.
그래야 듣는 사람의 입장에서 답답하지 않습니다.
다음으로 그 결론이 나오게 된 이유(근거)를 얘기하되, 가장 궁금한
질문에 답한다는 마음으로 순서를 잡아갑니다.

일반적인 보고 흐름	수정한 보고 흐름
(결론) 전략 상품의 점유율 1위 달성을 위해 추가 프로모션 진행하고자 함	**(결론)** 전략 상품의 시장점유율 1위 달성을 위해 추가 프로모션이 발생, 2년 전과 다르게 진행해나가고자 함
(As-is) 한 달 전 프로모션을 진행했으나 여전히 점유율은 3위인 상황임	**(As-is)** 2년 전 상황 vs. 현재 상황
(해결방안) 점유율 1위 달성이 불투명함에 따 라 추가 프로모션 필요	**(해결방안)** 추가 프로모션을 할 것이냐, 하지 않을 것이냐에 대한 검토 결과 → 하는 것이 좋음
(실행안) 2차 프로모션 진행 방안 제안	**(실행안)** 2년 전 실패 요인을 분석하여 프로모션 진행 방안 제안
(기대효과) 2차 프로모션으로 대상별/채널별	**(기대효과)** 2차 프로모션으로 대상별/채널별 예상되는 점유율

연습해 보기 2

처음 프로젝트를 제안하는 것인지,
실행 이후에 결과를 보고하는 것인지
목적에 따라 달라지는 문서 흐름

상황

앞서 진행 프로젝트의 결과보고 자리입니다.

상사의 입장에서 가장 궁금한 점은 잘 되었는지 여부겠죠?

잘 되었다면 어느 정도로 잘되었는지, 잘 안 되었다면 그 이유는

무엇인지가 가장 궁금할 것입니다.

조언

언제나처럼 보고의 처음은 결론부터 시작합니다.

제안 보고에서는 '~한 이유로 ~을 제안하고자 한다'고 명확하게

시작했다면, 결과 보고는 '~를 시행한 결과는 ~이다'라고 얘기하는

것이지요.

프로젝트의 결과를 객관적으로 보고하되, 담당자의 입장에서 얻은

시사점도 더해줍니다.

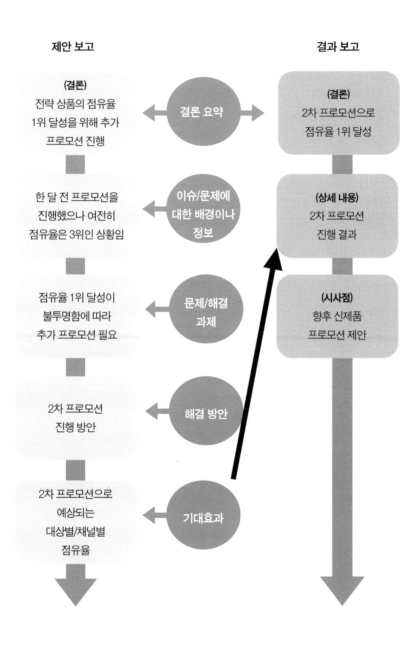

제안 보고

결과 보고

(결론)
전략 상품의 점유율
1위 달성을 위해 추가
프로모션 진행

결론 요약

(결론)
2차 프로모션으로
점유율 1위 달성

한 달 전 프로모션을
진행했으나 여전히
점유율은 3위인 상황임

이슈/문제에
대한 배경이나
정보

(상세 내용)
2차 프로모션
진행 결과

점유율 1위 달성이
불투명함에 따라
추가 프로모션 필요

문제/해결
과제

(시사점)
향후 신제품
프로모션 제안

2차 프로모션
진행 방안

해결 방안

2차 프로모션으로
예상되는
대상별/채널별
점유율

기대효과

흐름을 잡고 난 뒤에는 핵심 메시지만을 따서 누군가에게 설명해보세요. 말로 설명해보면, 논리의 흐름이 맞지 않는 부분이 잘 보이게 됩니다. 말이 꼬이거나 매끄럽지 않은 부분들을 점검하면서, 말로 설명해도 자연스러워질 때까지 고쳐나갑니다.

이렇게 보고 흐름을 잡고 나면, 급 보고가 하고 싶어집니다.

'아니, 보고가 하고 싶다니! 그럴리가!'라고 생각할 수도 있을 것입니다. 상대방 입장에서 한 페이지 한 페이지에 메시지를 꾹꾹 눌러 담으면, 이것에 대한 반응이 궁금해지기 마련입니다. 준비한 유머들이 실제 먹히는지 안 먹히는지 궁금한 것과 비슷하달까요.

가장 좋은 보고 시점은 바로, 보고하고 싶을 만큼 고민에 대한 확신이 생긴 시점입니다.

끝까지 한 판을 만들어봐야 빈틈이 보인다

'목업'이란 단어를 들어본 적이 있으신가요?

목업이란, 실제 제품을 만들 때 의도했던 대로 각각이 배치되고 작동되는지 살펴볼 수 있도록 제작하는 모형을 말하는데요(참고로 여기서 '목'을 나무 목(木) 자으로 착각하기 쉽지만 목업은 모크업, 즉 Mockup의 줄임말입니다). 특히 디자이너와 협업을 해보면 업무 프로세스에서 목업을 중요한 요소로 생각하고 있습니다. 실제 제작 단계로 넘어간 이후에 문제가 발생할 경우 이를 해결하기 위해서는 막대한 시간과 비용이 들어가기 때문이죠.

보고서 작성에도 이러한 목업의 단계가 필요합니다. 처음부터 마지막까지 문서 한 판을 만들어서 초벌 작업을 하고 나면, 지금까지 나의 관점에서 바라보던 것들을 상대방의 관점으로 옮겨서 바라보는 것이 가능해집니다.

잘 정리된 흐름이라고 생각했는데, 막상 문서에 담아보니 말이 안 되거나 매끄럽지 않은 부분들이 보입니다. 또 지금 자료만으로는 설득력이 떨어져서, 추가적인 조사를 통해 근거를 보완해야 할 필요도 있어 보입니다. 어떤 경우는 기획 단계에서는 느낌 있었던 콘셉트가 식상하게 느껴져서 다시 새롭게 고민해야 하기도 합니다.

- 머릿속에서는 꽤 괜찮은 콘셉트였는데, 막상 문서로 정리해보니 식상하네.
- 너무 당연한 얘기를 하고 있는 느낌인걸?
- 이야기를 전개하는 흐름이 자연스럽지 않은데?
- 어, 이 부분은 근거가 너무 빈약한데?
- 이 자료는 굳이 넣을 필요가 없는 것 같은데? 오히려 흐름에 방해가 되는 것 같아. 그래도 날 데이터로 보고 싶은 사람이 있을 수도 있으니 보고 마지막에 부록으로 빼는 게 낫겠어.

초벌을 만들고, 발효시키듯 묵히면서 다시 바라보고 수정하는 과정을 통해 보고서의 완성도는 점점 높아지게 됩니다.

초벌 작업을 하면 추가적인 이점들도 있습니다.

일이 진행되는 과정에서 가끔 리더가 묻습니다. "일은 잘 진행되고 있어?" 이때 한 판을 만들어본 상태라면, 지금까지의 작업한 내용을 바탕으로 답변하는 것이 가능합니다. 그리고 "지금까지 이렇게 정리해봤는데, 이런 부분들이 고민이 됩니다"라고 의견을 묻는 것도 가능합니다.

또 업무 데드라인에 대한 스트레스를 줄이는 데 효과적입니다. 시간이 촉박할수록 보고서의 진도는 나가지 않게 됩니다. 마감 일정에 쫓겨 촉박하게 작성된 보고서는 퇴고할 시간이 없습니다. 하지만 초벌 작업을 해두면 심적으로 여유가 생겨서 더 편안하게 작업이 가능하죠.

디자인의 사고방식에 대해서
조금 더 알아보기 : 디자인싱킹

과거의 디자인이 제품이나 서비스가 가지는 외양적인 모습에 치중했던 반면, 최근의 디자인은 '고객을 만족시킬 수 있는 모든 것'을 포함합니다. 최근에는 제품 개발 단계뿐만 아니라 제품의 기획, 마케팅, 관련 서비스 등 전 과정에 걸쳐 디자이너들의 감수성과 사고방식을 적용하고자 하는데요. 바로 디자인적 사고, 즉 디자인 싱킹^{Design Thinking}입니다.

특히 세계에서 가장 혁신적인 디자인 컨설팅 기업인 IDEO^{Eye-dee-oh}(아이디오라고 발음)는 대표적인 디자인 서비스 혁신 방법으로 '디자인 싱킹'을 개발, 이를 적극적으로 활용하고 있습니다.

IDEO의 CEO인 브라운이 설명한 디자인 싱킹은 다음 세 단계입니다. 빠르게 구현하고, 테스트하고 실패하는 과정을 통해 완성도를 높이는 프로세스로, 보고서 작성과 닮아 있습니다.

- **영감**^{Inspiration}: 관찰, 공감, 협력하여 영감을 얻는다.
- **아이디어화**^{Ideation}: 통합적 사고 및 분산과 수렴 과정을 통해 구체적인 아이디어를 얻는다.
- **구현**^{Implementation}: 프로토타입을 만들어서 테스트하고, 실패하면 개선하는 일을 반복한다.

뭉툭한 문장 VS. 뾰족한 문장

보고서는 사실 글과 도식(그림 + 표)의 조합입니다. 알고 보면 단순한 보고서인데, 우리는 이 보고서 때문에 직장생활이 괴롭곤 합니다.

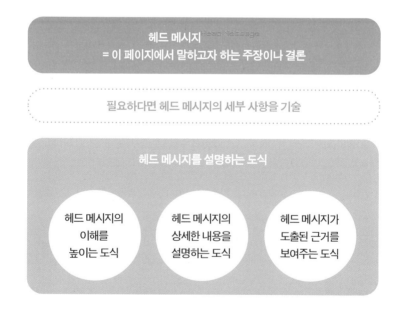

보고서를 만들 때는 상대방이 잘 알아들을 수 있도록 글과 도식으로 작성하는 게 중요합니다. 상대방이 잘 알아듣는다는 것은 애를 쓰지 않아도 이해가 된다는 의미이기도 하고, 불필요한 오해를 주지 않는다는 의미이기도 합니다.

먼저 글에 대해서 살펴볼까요?

문서에서 가장 먼저 보는 영역에 말하고자 하는 메시지를 여러 개의 단어가 조합된 문장의 형태로 적습니다. 즉 이 문서에서 전달하려는 가장 핵심이지요. 일반적으로 헤드 메시지라고도 합니다. 간혹 보고서의 글을 읽긴 읽었는데, 고개가 갸우뚱해지는 경우가 있습니다.

메시지가 잘 드러나지 않는 글
➡ "말하려는 게 정확하게 뭐야? 도통 알아들을 수가 없잖아."

여러 번 읽어야 전달하는 내용이나 의도가 파악되는 글
➡ "대충 하려는 말이 뭔지는 알겠는데, 참 말 알아듣기 어렵게 썼네."

그렇다면 메시지가 잘 드러나게, 한 번에 이해되도록 글을 쓰기 위해 어떤 것들을 신경 써야 할까요.

메시지가 잘 드러나게 쓰기

우선 메시지에는 말하려는 바가 담겨 있어야 합니다. 우리는 종종 말하고자 하는 바를 글로 적긴 적었는데, 글에서 메시지를 전달하는 힘이 영 느껴지지 않는 경우를 경험합니다. 이런 뭉툭한 문장은 수정하는 과정을 통해 뾰족하게 만들어나가야 합니다. 사실 이 과정은 느낌이 올 때까지 부단히 노력하는 수밖에 없는데요. 참고하면 도움이 될 몇 가지 팁을 공유합니다.

동일한 데이터에서도 내가 말하려는 핵심 메시지를 뽑아내자

다음과 같은 데이터가 있습니다. 같은 데이터지만, 이 데이터를 바탕으로 여러 개의 메시지를 도출할 수 있습니다. 메시지는 모두 사실이지만, 중요한 것은 그 가운데 내가 말하고자 하는 핵심을 담아 문장으로 작성해야 한다는 것입니다.

연도별 매출 현황

연도	매출액(억 원)	성장률
2017	300	-
2018	405	35.0%
2019	552	36.4%
2020	755	36.8%
평균	-	36.0%

- **4년간 '2배' 성장한 것을 강조**
  ➡ 2017년 매출 300억 원에서 2020년 755억 원까지 약 2.5배 이상 성장하였음

- **평균적으로 36%의 '높은' 성장을 강조**
  ➡ 지난 4년간 매출 연평균 36%의 높은 성장을 하였음

- **이제 '중견기업'이라는 것을 강조**
  ➡ 지난 4년간 꾸준한 성장을 통해 매출 755억 원의 중견기업으로 성장하였음

작성한 문장은 다음의 질문들을 던지면서, 말하고자 하는 바가 집약되어 명확하게 드러나도록 다듬어갑니다.

- 이 문장이 원래 내가 말하고 싶은 내용이 맞는가?
- 말하고 싶은 내용이 분명하게 잘 표현되었는가?
- 다른 생각이나 부분적인 생각이 지나치게 강조되고 있지는 않은가?
- 오해의 소지는 없을까?

연습해 보기

다음의 문장을 읽어보세요.

> 향후 펫^{Pet} 비즈니스가 획기적으로 성장할 것으로 예상되는 만큼, 해당 사업 분야에 대한 경쟁 동향 및 수익성 분석이 필요함

위의 문장을 보면, 마치 사업의 수익성과 경쟁 동향을 분석하자는 것처럼 보입니다. 보고 받는 사람 입장에서 보면, 수익성이나 경쟁 동향을 분석하는 것이 중요하기보다 이것을 통해서 무엇을 하겠다는 것이 중요한데 그 내용은 쏙 빠져 있습니다. 이렇게 수정해볼까요.

> **1차 수정**
>
> 향후 획기적인 성장이 예상되는 펫(Pet) 비즈니스에 자사 진출 시 예상되는 경쟁력 및 수익성을 분석한 결과, 자사 유기농 푸드 식품군을 펫 분야로 확대하는 것이 필요함

그런데 몇 가지 궁금한 점들이 생깁니다.

- 획기적이라는 것이 어느 정도지?
- 예상한 경쟁력이나 수익성 분석 결과는 구체적으로 어떻지?

• '펫 시장으로 진출'이 아닌 '펫 시장 신규 상품 론칭 제안'이 핵심이라면?

이러한 고민을 바탕으로 좀 더 수정이 가능합니다.

2차 수정

향후 ○○○억 원 규모로 확대가 예상되는 펫^{Pet} 비즈니스에 유기농 푸드 분야 1위 인지도를 활용하여 신규 진출 시 연간 ○○억 원의 추가 매출이 가능할 것으로 판단됨. 이에 하반기 준비 과정을 거쳐 내년도 신규 상품 론칭을 준비하고자 함

한 번에 읽히게 문장 쓰기

문장 안에 내가 전달하고 싶은 메시지가 담겨 있다 하더라도, 상대방에게 전달하기 위해서는 더 좋은 표현이 없을지 고민해야 합니다. 표기법, 문장부호, 주제, 구성, 표현 등을 통일하거나 덧붙이고 빼고 바꾸는 과정이 필요합니다.

• 내용을 효과적으로 전하는 표현인가?

• 읽는 사람이 잘 이해할 수 있게 작성되어 있나?

• 소리 내어 읽을 때 걸리는 부분이 있거나 잘못 이해할 부분은 없는가?

예시 1.

○○서비스 페이지뷰가 일평균 200만 뷰로 월간 목표인 5,000만 뷰를 <u>초과 달성함</u>

궁금한 숫자는 따로 계산하지 않아도 알 수 있도록 제시함

⇨○○서비스 페이지뷰가 일평균 220만 뷰로 월간 목표인 5,000만 뷰를 <u>1,600만 뷰 초과 달성함</u>

예시 2.

<u>본 프로젝트의 목적</u>은 경쟁이 점차 치열해지는 웹콘텐츠 시장에서 자사의 글로벌 웹소설 분야 1위를 유지하는 데 중요한 의미가 있는 <u>중국어 버전 웹소설 서비스 론칭 방안을 수립하는 데 있습니다.</u>

하고 싶은 말은 먼저하고, 긴 문장은 나누기

⇨ <u>본 프로젝트의 목적은 중국어 버전 웹소설 신규 서비스 론칭 방안을 수립하는 것입니다.</u> 자사가 글로벌 웹소설 분야 1위를 유지하는 데 향후 중국어버전 웹소설 서비스는 중요한 의미를 가지고 있습니다.

예시 3.

짜증 나는 고객과의 가격 협상이 3시간째 계속되고 있다.

고객이 짜증 나는 것일까, 가격 협상이 짜증 나는 것일까 고민하지 않도록

⇨ 고객과의 가격 협상이 3시간째 지속되어 짜증 나고 있다.

애매모호하게 쓰지 않고 정량적으로 표현하기

예시 1. 올해 특판사업부 매출액은 전년도에 비해 약 20% 상승함

　　　⇨ 올해 특판사업부 매출액은 전년 대비 19% 상승함

예시 2. 임상실험 결과, 이 진통제는 드물게 발열과 간혹 소화불량을 일으키는 것으로 나타났습니다.

　　　⇨ 임상실험 결과, 이 진통제는 0.2% 내외의 발열과 1.5%의 소화불량을 일으키는 것으로 나타났습니다.

능동문과 긍정문으로 표현하기

예시 1. 좋은 사람 있으면 소개시켜 줘. ⇨ 좋은 사람 있으면 소개해줘.

예시 2. 금요일에 우리는 모임을 가졌다. ⇨ 금요일에 우리는 모임을 했다.

　　　　　　　　　　　　　⇨ 금요일에 우리는 모였다.

예시 3. 10개 중에서 3개 틀렸다. ⇨ 10개 중에서 7개 맞았다.

무심코 사용하는 번역체 쓰지 않기

예시 1. ~에 대하여 ⇨ '~에/에게'나 '을/를'로 바꿔쓰기

예시 2. ~로 인하여 / ~로 인해 / ~에 의해 ⇨ '~로'로 바꿔쓰기

예시 3. ~의 경우 ⇨ 삭제하거나 '~ㄹ 때' 등으로 바꿔 쓰기

예시 4. ~에 다름 아니다 ⇨ '다름 없다'로 바꿔 쓰기

어려운 한자어 쓰지 않기

한자어를 잘 사용하면 몇 개의 단어를 응축해서 한 번에 표현할 수 있는 장점이 있습니다. 하지만 우리말로 풀어써도 충분한데 습관적으로 사용하거나, 굳이 찾아봐야 알 수 있는 표현을 사용하는 것은 바람직하지 않습니다.

예시 1. 누를 범하다. ⇨ 잘못을 저지르다.

예시 2. 사고 다발 지역 ⇨ 사고 잦은 지역

예시 3. 미연에 방지하다. ⇨ 미리 막다.

예시 4. 식별이 용이하다. ⇨ 알아보기 쉽다.

자세한 건
도식으로 대신한다

"더 이상의 자세한 설명은 생략한다!"

"피로한가? 자세한 설명은
약사님이 하신다."

"(화장실을 다녀온)
5분 동안의 설명은 생략한다."

김성모 작가가 2002년 일간스포츠에 연재한 〈대털〉에서 나온 대사로, 최근의 '밈' 문화에 결합되어 광고나 영상에서 다양하게 패러디되고 있는데요. 저도 살짝 패러디해보았습니다.

"자세한 설명은 도식이 대신한다!"

보고서는 글과 도식으로 구성됩니다. 우리는 자연스럽게 보고서의 맨 윗상단에 몇 개의 문장을 읽고 난 뒤에 도식을 보게 됩니다. 주인공은 아니고 조연인데, 이 조연의 역할이 꽤 큽니다.

도식은 글에서 전달하는 메시지를 더 직관적으로 이해하도록 만듭니다. 두세 줄의 문장에 담지 못하는 입체적이고 풍부한 데이터를 차트로 일목요연하게 담아내어 설득력을 높여주기도 하지요. 또 사람마다 배경 지식이 다르기 때문에 문장만 읽었을 때 저마다 다르게 생각할 수 있지만, 이미지가 있으면 같은 모습을 상상할 수 있게 됩니다.

도식(차트)을 사용하면 얻을 수 있는 효과

- 글로 설명해야 할 많은 정보를 한눈에 전달할 수 있어 효과적입니다.

- 어지러운 숫자로 표현된 데이터를 그래프로 변환해 가독성을 높입니다.

- 시각화된 도식화는 메시지를 보면서 동시에 같은 모습을 그려나갈 수 있도록 만들어 스토리텔링에 힘을 부여합니다.

다양한 차트 패턴을 머릿속에 담아두자

도식 그리는 게 참 어렵다는 후배들의 이야기를 듣곤 합니다. 차트는 작성자가 말하고자 하는 메시지와 수집된 데이터를 바탕으로 얼마든지 다르게 그릴 수 있습니다. 정답이 없는 영역이지요. 경험이 쌓이게 되면 나중에는 자신만의 고유한 스타일로 그리게 되지만, 그 전까지는 일련의 프로세스와 패턴의 유형을 활용하는 것도 큰 도움이 됩니다. 템플릿을 활용하면 쉬운 것처럼 말이지요.

효과적인 메시지 전달을 위해 우리는 어떤 형태의 시각화를 활용할 것인가를 고민하게 됩니다. 글로벌 전략 컨설팅 회사인 맥킨지에서는 컨설턴트들의 역량을 기르기 위해 논리적 사고법과 함께 수많은 기업을 컨설팅하면서 축적한 다양한 차트 작성법을 전수한다고 하는데요. 널리 알려진 맥킨지의 차트 작성법을 참고하여 정리한 차트 작성법을 소개합니다.

1. 데이터 분석을 통해 메시지 추출이 되었다면, 추출된 메시지에서 차트를 통해 보여주어야 할 핵심 포인트를 파악합니다.

2. 해당 페이지에서 말하려는 메시지의 유형을 확인합니다.

- 메시시의 핵심 포인트가 항목의 차이나 순위를 보여줘야 하는 '비교'인가?
- 메시지의 핵심 포인트가 빈도의 어떻게 흩어져 있는가를 파악하는 '분포'인가?
- 메시지의 핵심 포인트가 전체에서 어느 정도를 차지하는지를 봐야 하는 '구성'에 해당하는가?
- 메시지의 핵심 포인트가 요소 간의 상관도가 중요한 '관계'에 해당하는가?
- 메시지의 핵심 포인트가 시간의 흐름에 따라 어떻게 변화하는지를 보여줘야 하는 '추이'에 해당하는가?

구성	비교	추이
각 부분의 크기를 전체의 백분율로 보여주고자 할 때	대상의 순위를 비교하고자 할 때	대상이 시간의 흐름에 따른 변화를 보여주고자 할 때

분포	관계
얼마나 많은 항목이 일련의 통계적 범위에 해당하는가를 보여주고자 할 때	두 변수의 관계가 일반적으로 예상과 일치하는가를 보여주고자 할 때

3. 메시지의 유형에 따라 효과적으로 메시지 전달이 가능한 챠트 유형을
   선택합니다.

• 점유율	• 더 큼	• 변화	• 도수	• 관계 있음
• 백분율	• 더 작음	• 변동	• 빈도	• 관계없음
• ○○%	• 동등함 등	• 성장	• 분포	• 함께 증가함
		• 상승	• X-Y의 범위	• 함께 감소함
		• 증가	• 집중 등	• ~에 따라
		• 감소 등		변함 등

4. 선택한 차트 유형을 활용하여 메시지에 가장 적합한 차트를 작성합니
   다.

5. 보고받은 사람의 입장에서 궁금할 수 있는 부분을 강조하거나 추가적
   인 정보를 기재합니다.

간단한 예시를 통해 이 프로세스가 어떻게 적용되는지 살펴보겠습니다.

<u>연습해 보기</u>

데이터를 통해 추출한 핵심 메시지는 다음과 같습니다.

이제 차트를 그려볼까요.

메시지

> 시니어 여성복 분야 상위 7개 브랜드의 판매 점유율을
> 비교한 결과, 유일하게 자사만이 자사 판매 점유율이
> 작년 18.4%에서 올해 28.4%로 증가하였음

1. 메시지에서 차트를 통해 보여주어야 할 핵심 포인트를 파악합니다.

   • 시니어 여성복 분야 상위 7개 브랜드의 판매 점유율

   • 자사의 작년과 올해 판매 점유율

2. 해당 페이지에서 말하려는 메시지의 유형을 확인합니다.

   • 시니어 여성복 분야 상위 7개 브랜드의 판매 점유율 ⇨ 구성

   • 자사의 작년과 올해 판매 점유율 ⇨ 추이

3. 메시지의 유형에 따라 효과적으로 메시지 전달이 가능한 차트 유형을
   선택합니다.

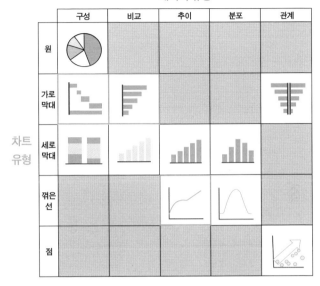

4. 선택한 차트 유형을 활용, 메시지에 가장 적합한 차트를 작성합니다.

- 연도별로 시니어 여성복 시장의 7개사의 판매 점유율을 그려줍니다.

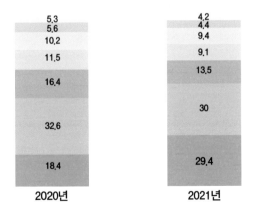

- 2개년의 추세 변회기 보이도록 선을 이어주고, 그래프 가운데서 자사 데이터를 잘 볼 수 있도록 강조해줍니다.

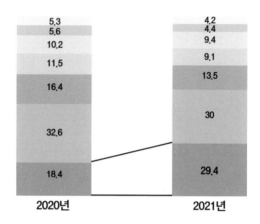

5. 보고받은 사람의 입장에서 챠트를 보면서 가질 수 있는 궁금증은 없을 지, 이해하기 쉽도록 강조할 부분은 없을지 살펴봅니다. 추가적인 정 보가 있다면 넣어줍니다.

- 작년 대비 판매량이 어느 정도 늘어난 거지?

➡ 몇 배로 증가했다고 알려주는 게 나을까? (1.6배 증가)

➡ 아니면 %로 보여주는 게 더 임팩트가 있을까? (63% 증가)

- 그래서 현재 판매 순위는 몇 위인 거지? (2위)

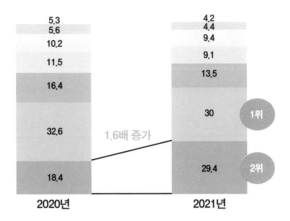

만약 여러분이 표현하고자 하는 메시지가 비정량적인 데이터를 바탕으로 한다면, 전달하고자 하는 메시지를 강조할 수 있도록 자신만의 방식대로 차트를 그리는 것이 가능한데요. 다만, 우리에게 익숙한 몇가지 차트 유형을 활용하면 조금 더 쉽게 그리는 것이 가능합니다.

• 위계나 인과관계와 같이, 여러 요소 간의 상호(포함) 관계 및 우선 순위 등을 강조하고 싶

다면? ➡ 조직 차트Organization Charts

• 여러 요소의 전후 관계, 순서, 상호 관계 등을 강조하고 싶다면?

➡ 흐름 차트Flow Charts

• 일정이나 업무분장 등과 같이 일정 기간 동안 요소를 비교해서 보여주고 싶다면?

➡ 간트 차트Gantt Charts

- 두 축을 기준으로 데이터가 어떻게 분포되어 있는지 혹은 어떻게 이동하는지 등을 보여주고 싶다면? ➡ 매트릭스 차트Matrices

- 각 데이터를 평가/비교해서 그 차이(강약, 비중, 중요도 등)를 나타내고 싶다면?

   ➡ 문 차트Moon Charts

- 각 요소 간의 공통점과 차별점을 나타내고 싶다면? ➡ 벤차트Venn Charts

여러분이 말하고자 하는 메시지가 무엇인지, 그 메시지를 가장 잘 보여주기 위해서는 어떠한 차트가 적절할지 고민해보세요.

다양한 차트 유형

조직 차트	흐름 차트	간트 차트	매트릭스 차트	문 차트	벤 차트

TMI

알아두면 좋은 문서 작성 팁: 선, 면, 분면 활용하기

우리는 도식을 볼 때 의도하지 않아도 자연스럽게 도형의 형태, 크기, 위치나 색을 근거로 어떤 시각적 패턴이 있는지를 살피게 되는데요. 이런 패턴을 파악하는 과정을 통해 메시지를 좀 더 직관적이고 함축적으로 강력하게 이해하게 됩니다. 몇 가지 샘플을 살펴보면서 여러분의 문서에 응용할 포인트를 고민해보세요.

선의 두께, 모양, 방향을 다르게 하여 강도와 관계를 표현하기

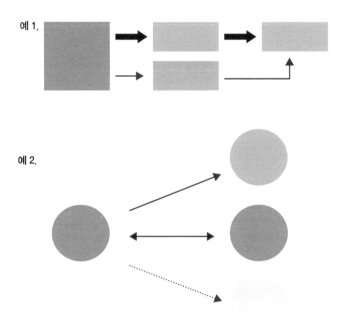

예 1.

예 2.

예 3.

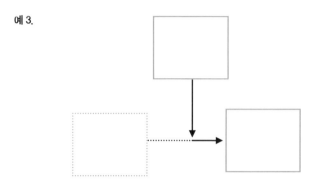

면의 색을 다르게 하여 메시지를 구분하기

예 1.

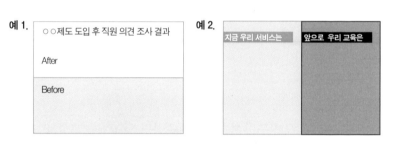

예 2.

예 3.

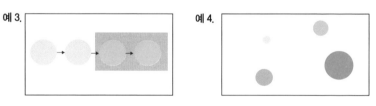

예 4.

승률을 높이는
보고의 스킬

직장생활 5년 차쯤이었던 것 같습니다. 강의 세팅을 하던 중에 문제가 생겨 팀장에게 보고를 했다가 핀잔을 들었던 경험이 있습니다.

하 대리: 팀장님, 이번 교육에서 이슈가 생겼는데요.

팀장: (아니 또 무슨 심각한 일이 생긴 건가?) 이슈? 무슨 이슈인데?

하 대리: 다름이 아니라, 강의실 기자재가 고장 나서요.

팀장: 아니, 그게 무슨 이슈라고. 해결하면 되는 일을 그렇게 큰일
       난 것처럼 얘기하지 말라고.

제 입장에서는 멀쩡하던 기자재가 고장났으니 깜짝 놀라 보고한 것이지만, 여러 가지 중요한 사안을 다루는 팀장 입장에서는 해결하면 되는 이슈에 호들갑을 떠는 것처럼 보였던 것이지요.

보고를 할 때도 기술이 필요합니다. 혹자는 보고 내용만 좋으면 되지, 너무 복잡하게 이것저것 따지는 것이 피곤하다고 여겨질 수도 있을 것입니다. 하지만 지피지기 백전백승! 상대를 알아야 승률도 높아지는 법입니다. 상대방을 배려하는 약간의 센스를 더하면 여러분의 보고 생활도 편안해집니다.

보고 일정 잡기

인생에서 타이밍이 중요하듯 보고에도 나이스 타이밍이 있습니다. 앞서 복잡하고 골치 아픈 이슈로 머리가 지끈거리는 상사에게 보고한다면? 수월하게 진행될 일도 잘 안 풀릴 가능성이 큽니다.

나이스 보고 타이밍을 잡기 위한 노하우

- 상사의 앞뒤 스케줄을 확인하세요.
- 상사도 숨 돌릴 시간이 필요합니다. 보고하려는 시간 앞에 다른 보고가 있다면 시간 간격을 두고 보고 일정을 잡으세요.
- 보고 일정을 잡을 때는 직전 회의의 어젠다가 무엇인지 파악해두세요. 복잡한 어젠다를 다룬 회의 뒤에 바로 이어서 보고하는 것은 피하는 게 좋겠죠?

보고 방식에 집착하지 않기

보고받는 사람은 항상 바쁩니다. 특히 경영진의 경우 더욱 그렇습니다. 왠지 직접 설명해야 잘 전달될 것 같은 마음에 대면 보고만 고수하는 경우가 있습니다. 하지만 어젠다에 따라, 상사의 스타일에 따라, 보고의 목적에 따라 가장 적절한 방식을 선택하는 것이 좋습니다.

어젠다에 따라

• 긴급하게 보고해야 하는 이슈라면?

➡ 이 경우 가장 중요한 것은 '속도'입니다. 메신저나 메일과 같은 비대면 보고든, 바로 집무실로 찾아가서 대면 보고를 하든 일단 최대한 빠르게! 하세요.

• 의사결정에 고려해야 할 이슈가 많은 어젠다 혹은 부탁을 해야 하는 어젠다라면?

➡ 골치 아픈 이슈일수록 상사 입장에서도 고민을 많이 해야 합니다. 그만큼 곱씹고 고민할 시간이 필요하지요. 저는 그런 이슈일수록 메일로 보고를 해서 내용을 충분히 검토할 시간을 드리고, 별도 보고 시간을 잡아 설명하고 의사결정을 받곤 합니다.

상사에게 메일을 작성하면서 상사가 별도 보고를 받을지 결정하도록 '별도로 설명이 필요하다면 말씀주세요'라고 덧붙인다든지, 메일을 보낸 뒤에 메일이 묻히지 않도록 '이러한 사안으로 메일 보내드렸으니 확인 부탁드리겠습니다'라고 메신저로 전달하는 것도 좋습니다.

• 꼭 해야 하는 일이 아닌, 부탁을 해야 하는 일이라면?

➡ 대면 보고나 유선으로 통화하면서 부탁하게 되면, 상대방의 입장에서는 부탁에 대한 수락 여부를 바로 말해줘야 할 것 같은 부담감을 가지게 됩니다. 이런 경우는 반드시 비대면으로 커뮤니케이션하는 것이 좋습니다.

상사의 스타일과 상황에 따라

• 구두 설명을 선호하는 스타일 vs. 메일 보고를 선호하는 스타일

➡ 상사가 선호하는 보고 방식이 뚜렷한 경우는 가급적 상사 스타일에 맞추는 게 좋습니다.

• 외부 일정이 많거나 유독 바쁜 상사라면?

➡ 외부 일정이 많거나 유독 바쁜 상사라면 대면 보고를 잡기 위해 시간

을 끌기보다 비대면 보고를 통해 상사의 일정에 따라 확인할 수 있도록 하는 것이 더 좋습니다

➡ 비서를 통해 외부 일정을 파악하는 것도 방법입니다. 중요한 외부 일정 중에는 가급적 메일이나 메신저 발송을 피하고, 이동 시간 등에 발송하면 바로 확인이 가능합니다.

보고의 목적에 따라

• 초반 기획 단계 및 의사결정이 필요한 보고라면?

➡ 처음 방향성을 보고하는 경우나, 최종 의사결정을 받는 경우라면 저는 대면 보고를 하는 편인데요. 방향성이 아직 잡히지 않은 경우, 비대면 보고로는 상사의 의견을 자세히 듣기가 어렵기 때문입니다. 또한 프로젝트에 대한 비용 관련 보고, 진행 여부를 결정해야 하는 보고, 의사결정 결과에 따라 영향을 미치는 후속 업무가 많은 경우라면 제반 이슈를 충분히 설명할 수 있도록 대면 보고로 진행하곤 합니다.

• 상황을 공유하면 되는 내용이라면?

➡ 간단한 결과 보고나 진행상황 공유 차원의 보고라면, 비대면 보고나 구두 보고도 무방합니다.

갑툭튀(갑자기 툭 튀어나오다) 최종 보고는 피하자

보고서는 목적이 아닌 수단입니다. '이 일을 이렇게 하겠어요'라고 통보하는 것이 아니라, '이 일을 이렇게 하고 싶은데, 어떤 것 같으세요?'라는 합의를 위한 자료입니다. 보고서를 통해 A라고 제안했어도, 약간의 수정을 통해서 A′가 될 수도 있고, 논의의 과정을 통해 전혀 다른 C에 도달했다고 하더라도 보고서는 제 몫을 다한 셈입니다.

앞서 리더는 서프라이즈를 좋아하지 않는다는 이야기, 기억하시나요. 실컷 고생하고 '이 산이 아닌가벼! 저 산인가벼!' 하고 다시 돌아가는 헛걸음하는 경우가 없도록 중간중간 합을 맞춰가는 과정이 필요합니다.

시작 보고

업무 지시자가 원하는 방향, 일에 대한 범위, 일의 납기, 업무 순서를 확인합니다. 상사의 의중을 질문으로 확인하는 것이 필요합니다.

- 서로 업무에 소요되는 시간을 대략적으로 맞춘다.

➡ ○○일까지 정리해서 드리면 될까요?

➡ 이것부터 하면 될까요?

- 명확하지 않은 것들은 자신이 해석한 것으로 확인받는다.

➡ 저는 이렇게 생각했는데, 맞을까요.

➡ 우선 이것부터 하려고 하는데, 괜찮으세요?

중간 보고

틈틈이 업무의 진행 현황을 보고해서, 업무 추진 과정에 대해 함께 그림을 그려나갈 수 있도록 합니다. '처음부터 다시!' 롤백하는 허무한 상황을 막을 수 있습니다. 중간 보고는 상사의 빈 시간을 이용해서 자연스럽게 해보세요.

- 방향성에 대한 서로의 생각을 맞춰갑니다.

➡ 지금까지 진행된 잠정적 결론에 대한 의견을 받을 수 있습니다.

- 업무를 지시한 사람은 보고를 계속 기다리고 있는데, 잊었다고 착각해서는 안 됩니다.

➡ '이 업무에 대한 보고를 하란 말씀이 없으시네? 잊으신 것 같은데? 필요가 없어진 건 아닐까?'라는 생각으로 중간 보고를 생략하지 마세요. 지시한 사람 입장에서 업무 지시를 한 일을 잊는 경우는 거의 없을뿐더러, 매번 찾기 전에 먼저 진행 상황을 보고하면 상호간에 신뢰를 쌓아갈 수 있습니다.

- 중간 보고를 하면 나도, 상사도 안심할 수 있습니다.

➡ "A 업무는 현재 이렇게 진행중입니다. ○○에 대해 시장조사를 하고 있는데 몇 가지 안으로 정리할 수 있을 것 같습니다. 2~3일 이내로 초안 작성해서 보고드리겠습니다."

상사가 매번 묻기 전에 미리 챙겨주면 잠시 잊고 다른 업무를 챙길 수 있습니다. '뭔가 중간 결과를 공유할 때가 된 것 같은데 왜 보고를 안 하지?'라는 생각이 들면 상사 입장에서도 매번 챙겨야 한다는 부담을 가지게 됩니다.

딜레이(지연) 보고

일을 진행하다 보면 일이 지연될 수 있습니다. 상사의 입장에서 당황스러운 건 지연되었다는 것보다 일을 완료해야 하는 시점에 갑자기 일이 지연되었다고 얘기하는 것입니다. 일이 지연될 것이 예상된다면 미리 커뮤니케이션해서 방법을 찾아둡니다.

보고만 생각하면 가슴이 답답하면서 스트레스를 받는 사람이 있습니다. 반면 일을 하는 데 필요한 고민을 함께 부러뜨리면서 진도를 빼게 만드는 수단으로 보고를 생각하는 사람도 있습니다. 보고의 콘텐츠가 크게 다르지 않음에도 이런 차이가 나는 경우는 '보고의 기술' 때문일 가능성이 큽니다.

보고의 기술은 아부가 아닌 배려입니다. 슬기로운 보고 생활을 위해 여러분의 보고서에 보고의 기술을 살짝 더해보세요.

보고는 반드시 소리 내어 연습하기

보고나 프리젠테이션을 앞두고 있을 때, 많이 긴장하는 편인가요?
유난히 태클을 거는 상사에게 보고를 앞두고 있을 때, 일에 대한 확신이 덜 들수록, 보고서에 대한 내용이 완벽하게 숙지되지 않을수록 더 떨리게 되죠.

드라마 〈미생〉에서 오 과장은 인턴 프레젠테이션을 앞둔 장그래에게 얘기합니다.
"장그래! 소리 내서 연습해봤어?" 눈으로만 읽을 때와 사람들 앞에서는 말을 할 때는 다르니 꼭 소리 내서 연습해보라고 말이지요.

보고서의 흐름을 잡거나, 보고하기 전에 눈으로만 읽지 말고 발표할 문서를 페이지 단위로 소리 내어 읽어보세요. 내가 말로 내뱉는 목소리를 들으며 상대방의 입장에서 문서를 바라보는 연습을 하는 것입니다.

문서를 눈으로 볼 때는 문서의 요소에 집중하게 되지만, 말로 설명하려는 순간 우리는 문서를 의미 단위로 보게 됩니다. 매 페이지에서 말하려고 하는 메시지가 무엇인지를 보면서 그에 맞는 자료인지 아닌지를 일 수 있고, 문서의 흐름을 파악하기 쉬울 뿐만 아니라 오탈자까지 발견할 수 있게 됩니다. 이때 다음의 질문을 염두에 두고 살펴보세요.

1. 전체 문서가 논리적이고 매끄럽게 설명되고 있는가?

➡ 파워포인트 기능에서 여러 슬라이드 모드를 활용하여 앞뒤로 순서를 바꾸어 매끄럽게 될 때까지 수정해보세요.

2. 내용을 말할 때, 앞이나 뒤로 이동하여 근거를 찾아야 이해가 되는가?

➡ 페이지를 서로 통폐합해서 메시지에 맞는 근거를 함께 볼 수 있도록 하세요. 흐름을 방해하는 정보는 삭제하거나 간단하게 수정해보세요.

3. 내용을 말할 때, 해당 장표의 글과 도식이 해당 메시지에 맞게 강조되어 있거나 표현되고 있는가?

➡ 메시지에서 말하고자 하는 바가 도식에서 한눈에 보이도록 수정합니다.

까이는 보고서와 팔리는 보고서를 만드는 한 끗 차이

보고서 때문에, 보고서 덕분에	겉만 멋진 보고서가 아니라 의사결정을 이끌어내는 보고서가 좋은 보고서이다.
보고하고 싶은 보고서여야 보고 받는 사람도 듣고 싶다	보고서의 스토리텔리에 정해진 답은 없다. 보고의 목적과 상황에 따라 가장 매력적인 스토리라인을 찾아야 한다.
끝까지 한 판을 만들어봐야 빈틈이 보인다.	일단 한 판을 만들면 보고서 작성 시간도 단축되고, 상대방을 설득하는 논리도 단단해진다.
뭉툭한 문장 VS. 뾰족한 문장	내가 하고자 하는 핵심 메시지를 상대방이 짧은 시간 안에 이해할 수 있도록 정확하게 표현하자.
자세한 건 도식으로 대신한다	도식은 메시지를 거들어준다! 메시지의 유형을 분석하고 가장 적합한 차트 패턴을 활용해 그리자.
승률을 높이는 보고의 스킬	보고 일정, 보고 방식, 보고 단계별로 보고받는 사람에 대한 배려는 보고의 승률을 높인다.

PART 4

함께 일하는 사람들과 커뮤니케이션 한다는 것

좋은 평판을 만드는

업무 커뮤니케이션

호랑이는 가죽을 남기고,
협업은 평판을 남긴다

직장에서 우리는 누군가와 협업을 합니다.
협업은 커뮤니케이션을 통해 진행됩니다.

커뮤니케이션을 잘할수록
협업의 평판도 함께 좋아집니다.

커뮤니케이션 스킬

협업하는 모두를 행복하게 만드는 기술
어벤저스 팀 구성을 위해 꼭 고민해야 하는 케미스트리
리더 트랙으로 성장 가능성을 판단하는 중요한 기준
이직 시, 레퍼런스 체크(평판 점검)의 핵심 요소

커뮤니케이션은
개인기가 아닌 기본기

"김 부장님 업무 피드백은 깔끔해. 두리뭉실하게 말씀하지 않고, 수정해야 할 부분은 어디라고 콕 짚어주시니 일하기 편해."

VS.

"이 대리님은 본인 일은 메신저나 메일로 시도 때도 챙기면서, 정작 다른 사람들이 보낸 메일에는 회신도 제대로 안 해주고, 자세한 설명 하나 없이 그냥 메일 포워딩만 해준다니까."

"오늘 또 야근해야 해. 지난번 김 과장님이 ○○○ 기능을 이번 주 안에만 해달라고 하시더니. 갑자기 내일까지 완성되냐는 거야. 늘 애매모호하게 말씀하시니 당황스러운 적이 한두 번이 아냐."

"요즘 팀징님 스트레스 많은 건 알겠는데. 그래도 너무 하신 거 아냐? 후배들도 있는데 그 앞에서 감정적으로 면박을 주다니… 정말 일할 맛 안 나."

"○○○님은 함께 일하고 싶은 사람인가요?"

이직을 해본 경험이 있는 분이라면, 레퍼런스 체크가 얼마나 중요한지 잘 아실 텐데요. 레퍼런스 체크는 경력직으로 누군가를 채용하고자 할 때 지원자와 함께 일했던 사람들에게 평판을 확인하는 과정을 말합니다. 일반적으로는 서류전형과 면접을 마친 뒤 합격 통보를 남겨둔 시점에 '진짜 뽑아도 되는 사람 맞아?'를 최종적으로 체크하기 위해 진행하지요.

레퍼런스 체크의 세부 질문들은 기업마다 다르지만, 보통 업무 관련된 사항(예를 들어 실제 업무 수행 여부, 업무 성과에 대한 조직 내 평가, 일에 대한 강점과 약점 등) 등을 비롯해 협업 경험을 바탕으로 후보자의 커뮤니케이션이나 조직 내 인간관계, 이직 사유 등을 확인합니다.

한 조사에 따르면 기업에서 레퍼런스 체크를 통해 알고 싶은 것은 '인성이나 성격'이라고 합니다. 지원자의 업무 내용은 상당 부분 제출한 지원서나 면접을 통해 일차적인 파악이 가능하기 때문에 레퍼런스 체크에서는 '검증'에 주안점을 둡니다.

반면 업무를 하는 과정에서의 됨됨이나 스타일은 함께 일한 사람들을 통해서만 파악이 가능하기 때문에 레퍼런스 체크가 필수적입니다. 본인 스스로 지원서나 면접에서 군이 불리한 얘기를 할 리 만무하기 때문이지요.

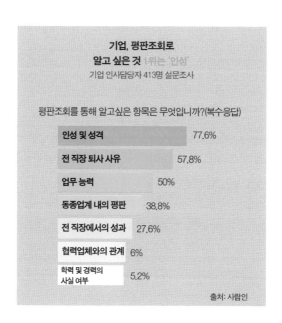

기업, 평판조회로
알고 싶은 것 1위는 '인성'
기업 인사담당자 413명 설문조사

평판조회를 통해 알고싶은 항목은 무엇입니까?(복수응답)

인성 및 성격   77.6%
전 직장 퇴사 사유   57.8%
업무 능력   50%
동종업계 내의 평판   38.8%
전 직장에서의 성과   27.6%
협력업체와의 관계   6%
학력 및 경력의 사실 여부   5.2%

헤드헌팅 회사에서 오랜 경력을 가진 지인의 얘기로는 레퍼런스 체크에서 문제가 되는 많은 경우는 직장 동료들과의 관계나 커뮤니케이션 이슈라고 합니다. 최근 한 후보자의 경우 매우 좋은 조건으로 이직할 수 있는 기회가 있었는데, 레퍼런스 체크에서 커뮤니케이션 이슈로 최종 단계에서 불합격되었다고 합니다. 함께 일했던 동료들이 후보자의 강압적이고 일방적인 커뮤니케이션으로 협업이 힘들있다고 평가했던 것이지요.

내부적으로 꼭 필요로 하는 업무 경력과 역량을 갖춘 후보라 두세 번 더

레퓨테이션 체크를 신행했음에도 같은 결과였다고 합니다. 결국 업무 역량은 상대적으로 평범했지만 레퍼런스가 좋았던 다른 후보자가 합격하게 되었다고 합니다.

당장 이직을 생각하고 있지 않더라도 지금 협업하는 동료들과의 커뮤니케이션은 차곡차곡 여러분의 평판을 만들어가고, 이 평판은 여러분을 평가하는 중요한 요소가 됩니다. "비즈니스맨은 다른 사람과의 커뮤니케이션 능력에 따라 평가받는다"라는 피터 드러커의 말처럼 말이지요.

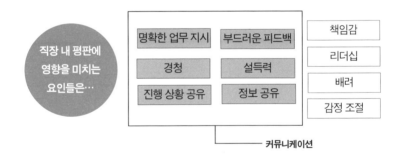

간혹 커뮤니케이션 스킬을 '언변' 혹은 '유머 감각' 등과 같은 '개인기'로 여겨, 추가적으로 갖추면 좋을 부가적인 역량으로 생각하는 경우가 있습니다. 하지만 직장에서 커뮤니케이션 스킬은 있으면 좋은 것이 아닌 반드시 갖춰야 하는 '기본기'라고 생각합니다.

예전에 제 커뮤니케이션 능력을 돌이켜보면, 스킬도 자신감도 한참 부족했던 것 같습니다. 전달할 말을 논리적으로 의미 있게 전달하는 데 신경을 써야 하는데, 괜히 말 잘하는 사람으로 보이고 싶어 어설픈 유머를 찾아보곤 했습니다.

또 강의 의뢰를 하기 위해 교수님들과 통화를 나눌 일이 있으면 누군가 들을까 싶어 핸드폰을 들고 밖으로 나가곤 했죠. 팀장과 동료들에게 불만이 생기면 돌직구를 날렸던 모습은 지금 생각해도 이불킥 감입니다. 그랬던 제가 지금은 누군가와 커뮤니케이션을 하는 것을 나름 즐기는 편이니, 정말 일취월장했지요?

좋은 커뮤니케이션에 정답은 있을 수는 없지만, 지난 시간 동안 저의 부족함을 극복하기 위해 나름대로 고민해서 정리한 커뮤니케이션의 기본기는 이렇습니다.

바로 "결론부터, 간단하고, 정확하게, 예의를 갖추어 말하기!"

다 맞는 말인 깃 같은데, 실제 어떻게 커뮤니케이션해야 하는 긴지 다소 막연하시지요?

커뮤니케이션에서 필요한 기본기

도대체 무슨 말이 하고 싶은 거야? 답답함 유발	주절주절… 말이 너무 길어. 짜증 유발	애매모호하게 뉘앙스로 흐릿하게 포장해서 교묘하게	상대방의 감정과 상황을 고려하지 않은 무매너
↓	↓	↓	↓
말의 시작은 '결론'부터	핵심만 '간단'하게	오해 없이 '정확'하게	상대방에 대한 '예의'를 갖추기

최근에는 재택/원격 근무가 점차 늘어나면서 기존의 대면 커뮤니케이션에 더해, 이메일이나 사내 메신저 등을 활용한 비대면 커뮤니케이션의 빈도가 부쩍 늘었는데요. 직장생활의 필살기, 커뮤니케이션 기본기를 갖춘다는 것에 대해 대면과 비대면 커뮤니케이션으로 나누어 자세히 얘기해볼까요.

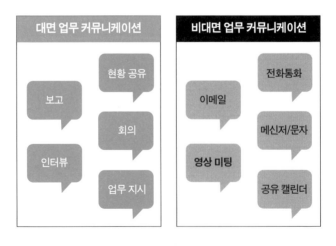

대면 업무 커뮤니케이션
- 보고
- 현황 공유
- 인터뷰
- 회의
- 업무 지시

비대면 업무 커뮤니케이션
- 이메일
- 전화통화
- 영상 미팅
- 메신저/문자
- 공유 캘린더

'내 설명이 지루하고 어렵나?'라고 고민하는 당신에게

누군가와 마주 앉아 나누는 대화는 상대방의 반응을 바로 파악할 수 있다는 장점이 있습니다. 대화의 방향이나 속도를 조절할 수 있기 때문이지요. 하지만 때론 그 반응 때문에 마음의 상처를 입기도 합니다. 열심히 설명하고 있는데 지루한 듯 하품하는 모습을 보게 된다거나, 이미 다 얘기했다고 생각했는데 전혀 이해가 안 된다며 다시 질문을 받을 때 말이지요. 그러면 이내 '내 설명이 지루한가? 내 설명이 어렵나?'라는 고민에 빠지게 됩니다.

이해가 쏙쏙 되도록 말하는 사람이 있는가 하면, 도통 대화의 요점이 머리에 들어오지 않게 말하는 사람이 있습니다. 또 누군가의 대화는 언제 끝나나 하며 시계만 들여다보게 만들지요.

혹시 '어쩌면 나도 저런 식으로 말하고 있는 게 아닐까?'라는 불안감이 든다면, 커뮤니케이션의 기본기들을 잘 지키고 있는지 스스로 점검해보시면 좋을 것 같습니다.

체크 포인트 1. 결론부터 말하고 있나?

비서가 한 임원에게 오늘 9시에 예정된 회의 일정 변경에 대해 보고하는 상황입니다. 한번 들어볼까요?

만약 여러분이 이 보고를 받는다면 어떤 느낌이 들까요?

방금 A 팀장에게 전화가 왔습니다.

해외 출장 일정이 조정으로 내일 오후에 인천 도착 예정이라, 오늘 회의는 참석하지 못하고 내일 모레 이후에 가능하다고 합니다.

B 팀장님도 메일을 주셨는데, 오늘 지방 공장에 이슈가 생겨서 급히 오늘 오전에 공장 방문으로 미팅 시간을 옮겼으면 하다고 메일을 주셨습니다.

오늘 오후부터 이번 주 다른 일정은 모두 가능하다고 하십니다.

그러나 아침 미팅이 항상 10시 30분에 끝나서 그 이후 시간에만 가능하고요. 회의실도 가능해야 해서, 체크해보니 내일은 회의실은 내일 사용이 어렵고 가장 빠른 일정이 목요일입니다. 제 생각에 회의는 목요일로 11시로 변경하는 게 좋을 것 같은데, 어떠세요?

대충 일정을 변경하겠다는 것 같긴 한데, 회의를 변경하려는 사연들을 계속 나열하고 있으니 언제까지 들어야 하는 건지, 그래서 어쩌겠다는 건지 알 수가 없습니다. 아마 이야기가 끝나기 전에 "그래서 언제로 바꾸겠다는 겁니까?"라고 되물으실 게 뻔합니다.

직장 내 커뮤니케이션의 기본 중의 기본은 바로 '결론부터 말하기'입니다. '이야기를 전할 시간이 단 30초밖에 없을 때, 내가 해야 할 말은?'이라는 질문에 답할 말을 생각해보세요. 모든 커뮤니케이션은 그것부터 말하고 시작해야 합니다. 바로 이렇게 말이지요.

결론	오늘 오전 9시 회의를 목요일 오전 11시로 옮겨도 될까요?
이유	오늘 회의에 참석하시는 세 분 가운데 두 분이 급한 이슈로 인해 참석이 어렵다고 연락이 왔습니다. 상무님의 일정과 다른 분들의 참석 가능 일정, 회의실 예약 가능 여부를 살펴보았을 때 목요일 11시로 변경하면 될 것 같습니다.
F/UP	업무 중요도를 생각하실 때 목요일로 미루는 것이 괜찮으시면 금일 회의 참석자들에게 전달하고 일정 공유 드리겠습니다.

여기서 잠깐!

종종 결론을 메시지 자체로 혼동하는 경우가 있습니다. 예를 들면 "지금부터 매출 현황에 대해 말씀드리겠습니다"처럼요. 중요한 것은 매출 현황 보고의 결론, 즉 "이번 분기 매출은 동기 대비 30% 감소하여 매출 증가를 위한 마케팅 진행이 시급합니다"를 말해야 합니다.

미괄식으로 결론을 맨 마지막에 말하면 대화를 나누는 내내 상대방은 지루함을 느낍니다. 반면 결론부터 말하면 듣는 사람들이 가장 듣고 싶은 이야기부터 듣게 되어 몰입도가 높아지고, 답답함을 느끼지 않게 됩니다.

체크 포인트 2. 간단하게 말하고 있나?

예전에 'Think on your feet'이라는 커뮤니케이션 교육을 받은 적이 있습니다. 'Think on your feet'이란 '판단이 빠르다, 재빠르게 대응하다'라는 의미인데요. 팀장이나 선배가 하는 질문에 매번 당황해서 우왕좌왕하는 제 모습이 답답한 나머지 받았던 교육입니다.

교육을 받는 중에 액티비티를 진행했는데, 이 액티비티가 꽤 도움이 되었습니다. 우선 강사는 교육장 바닥에 세 개의 종이 박스를 두고, 첫 번째 박스

앞으로 교육생들이 일렬로 서도록 했습니다. 강사가 질문하면 제한된 시간 안에 세 개의 박스를 이동하면서 결론과 세부 내용을 말하도록 했습니다. 질문이 매번 다르고, 뒤에서 대기하는 사람들이 있다 보니 질문에 오래 생각할 틈도 없이 바로바로 답하면서 이동해야 했는데요. 몇 번 반복하다 보니 제가 하려는 말을 재빠르게 세 덩어리로 나누어서 말하는 게 익숙해졌습니다.

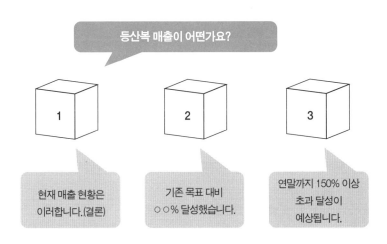

이렇게 세 개의 덩어리로 얘기하는 습관을 들이면 말에 군더더기가 사라지게 되고, 재빠르게 하고자 하는 말을 전할 수 있습니다. 물론 필요하다면 1~2개 정도의 덩어리를 추가하는 것도 가능합니다.

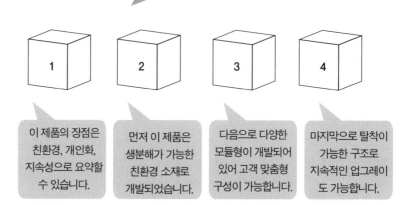

대화를 하거나 질문에 대한 답을 할 때, 덩어리로 구조화해서 말하는 연습을 해보세요! '저 사람은 말을 참 일목요연하게 한단 말이야!'라는 평판이 들려오기 시작할 것입니다.

체크 포인트 3. 정보를 정확하게 전달하나?

직장생활에서 가끔 잘못된 커뮤니케이션으로 불필요한 오해를 받아 해명하거나 평판이 안 좋아지는 경우를 종종 보게 됩니다. 예를 들어 업무 일정을 잘못 공유하여 프로젝트 일정에 차질이 생긴다거나, 의도치 않게 사용한 조사 하나로 인해 잘못된 뉘앙스가 전달되어 함께 일하는 동료 사이에 감정의 골이 깊어지기도 합니다. 내가 전하고자 하는 그대로 상대방이 받아들

일 수 있도록, 정확하게 커뮤니케이션하는 것은 매우 중요합니다. 그러려면 우리가 습관적으로 사용하는 부정확한 표현들을 정확하게 바꾸려는 노력이 필요한데요.

우선, 육하원칙의 한 문장으로 말해야 합니다. 예를 들어 업무 요청이나 피드백도 "제가 당신에게Who 요청하는 업무는 이것What인데, 요청하게 된 이유Why는 무엇이고, 이 업무는 언제까지When 어떻게How (필요하면, 어디로 Where) 해주시기 바랍니다"라고 말이지요.

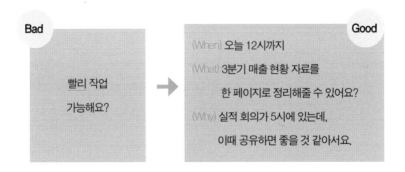

또 추상적이거나 애매모호한 표현 대신 사실에 근거해서 말하는 것이 필요합니다. 모호하게 해석될 수 있는 형용사나 부사는 숫자로 바꾸는 것이 좋습니다.

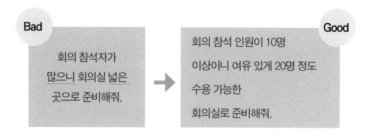

특히, 필요한 숫자는 바로 얘기할 수 있도록 기억하거나 메모해두어 메시지의 정확성을 높이는 것이 좋습니다. 프로젝트 진행 기간, 업무 데드라인, 납기 일정, 시행일자 등과 같이 숫자와 관련 부분은 명확하게 얘기하는 것이 좋습니다.

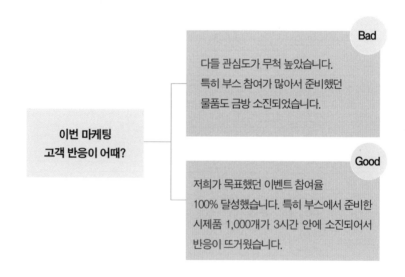

체크 포인트 4. 상대방의 입장을 배려하나?

커뮤니케이션에서 '예의'란 상대방에 대한 존중에서 출발합니다. 제아무리 똑 부러지고 정확한 얘기도 예의가 갖춰지지 않는다면 빵점짜리 커뮤니케이션입니다. 처음부터 작정하고 예의 없게 얘기하려는 사람들은 없습니다. 업무 진행 과정에서 어쩔 수 없이 발생하는 불편한 상황에서 스마트하게 대응하지 못하거나, 본인도 인지하지 못한 커뮤니케이션 습관에서 오는 경우가 많습니다.

의도하지 않았지만 상대방에게는 예의 없는 커뮤니케이션으로 여겨질 수 있는 실수들이 있습니다. 한번 살펴볼까요.

> **고민** 제 의견을 적극적으로 얘기하고 싶거나, 나중에 할 얘기가 기억이 안 날 것 같아 상대방이 말을 하는 중간에 말을 끊는 습관이 있어요.

> **조언** 메모지를 항상 챙겨 다니세요. 하고 싶은 말이 생각날 때마다 메모지에 적으면서 허벅지를 찔러가며 참으세요.
> 상대방의 말이 끝나면 이야기를 시작하세요!

고민 업무에 대한 부정적 피드백, 촉박한 요청과 같이 불편한 주제에 대해 말하는 것이 너무 어렵습니다.

조언 업무상 불편한 이야기는 항상 있을 수밖에 없고,
누군가는 해야 하는 말입니다. 다만, 내용 자체로도 이미 누군가에게
스트레스를 줄 수 있기 때문에, 상대방에 대한 세심한 커뮤니케이션이
더욱 필요한데요. 몇 가지 팁을 공유합니다.

- 업무에 대해 피드백할 때는 이것이 '사람'에 대한 공격으로 여겨지지
  않도록 조심합니다.
- 이게 정답이라 할 수는 없지만, 도움을 주고 싶어 하는 얘기라는 의
  도를 전합니다.
- 불편한 이야기는 다른 사람들 앞이 아닌 개인적으로 전하는 것도방
  법입니다.
- 개선 요청을 할 때에도 '못했으니까'가 아니고 '잘했는데, 더 잘해보
  자고 말합니다.
- "그건 우리가 알아서 할게요" "그냥 이렇게 해주세요, 이게 더 좋은
  것 같아요" 등 무시하는 것으로 여겨질 수 있는 말은 하지 않습니다.

팀장님께 실무자로서 '일이 잘 안 될 수도 있다'는 의견을 얘기했다가, 매사 부정적이라고 핀잔을 들었어요. 제가 뭘 잘못한 걸까요?

실무자로서 객관적으로 의견을 말하는 것은 꼭 필요합니다.

다만, 마치 내 일에 대한 방어적인 업무 태도로 전달되지 않도록 하는 것이 중요한데요. "그건 어려울 것 같은데요" "제가 해봤는데 별로예요"와 같은 부정적인 뉘앙스의 어투는 공격적으로 느껴질 수 있습니다. 안 되는 이유를 설명할 때에는 "이런 문제가 있을 것 같은데, 어떻게 해야 할까요"처럼 상대방의 의견을 묻거나, "이런 문제는 이렇게 해결하면 어떨까요?"와 같이 대안을 제시하는 커뮤니케이션을 진행해보세요.

끌리는 사람의 대화법

만약 누군가에게 이런 소리를 들었다면, 기분이 어떨까요?

"미리 하셨으면 이런 문제가 안 생겼죠. 도대체 왜 안 하셨어요?"
"분명 며칠 전에 ㅇㅇ 콘셉트는 별로라고 하셔서, 그건 제외한 건데요!"
"이렇게 업무 시간 이후에 연락하시면 곤란해요."
"그건 어렵습니다."
"그건 너무 촉박한 일정이에요!"
"고객님의 회원 등급으로는 할인 혜택 적용이 어렵습니다"

이유를 떠나 기분 상하기 딱 좋은 말이지요?
만약 위와 유사하게 말해야 하는 상황이라면, 이렇게 바꿔 말하면 어떨까요.

책임 공방을 따지기보다 문제 해결에 집중하기

"미리 하셨으면 이런 문제가 안 생겼죠. 도대체 왜 안 하셨어요?"
⇨ "사전에 미리 준비되었다면 좋았을 텐데… 아쉽네요. 일정상 이틀 내에 해결되어야 할
  것 같은데 가능할까요?"

"분명 며칠 전에 ㅇㅇ 콘셉트는 별로라고 하셔서, 그건 제외한 건데요!"
⇨ 지난번 ㅇㅇ 콘셉트는 방향성이 안 맞는 것 같다고 하셔서 반영하지 않았는데요. 원
  하시는 다른 콘셉트를 말씀해주시면 수정하는 데 도움이 될 것 같습니다."

지적하기보다 원하는 의도를 말하기

"이렇게 업무 시간 이후에 연락하시면 곤란해요."

⇨ "죄송하지만, 지금은 업무 시간이 종료되어서요.

내일 업무 시작 시간인 오전 9시 이후에 연락주시겠어요?"

거절도 나이스하게 말하기,
가능하다면 대안을 제시하면서 말하기

"그건 어렵습니다."

⇨ "안타깝게도 그 부분은 제가 도움을 드리지 못할 것 같습니다."

만약 다른 가능성이 있는 경우라면 그 조건을 제안하는 것도 방법입니다.

"그건 너무 촉박한 일정이에요!"

⇨ "해당 일정에 맞추면 좋겠지만, 그 일정에 맞추면 전체 아웃풋의 퀄리티가 떨어질 것

같습니다. 일정을 나누어서 진행하면 어떨까요?"

"고객님의 회원 등급으로는 할인 혜택 적용이 어렵습니다"

⇨ "현재 고객님의 회원등급에는 별도 할인 혜택이 마련되어 있지 않는데요.

만약 고객님께서 ○회 이상 추가 이용하실 경우○○등급이 되어,

문의하신 할인 혜택 적용이 가능합니다."

언택트 커뮤니케이션일수록
'감정'이 중요하다

직장 내 온라인 커뮤니케이션에 대한 리서치 결과에 따르면, 온라인 커뮤니케이션에서 스트레스를 받는 비중은 75%에 달한다고 합니다. 생각보다 많은 사람이 온라인 커뮤니케이션을 어려워하고 있다는 것이지요. 그 이유로는 '업무 흐름 방해, 느린 피드백, 반복적인 이메일 작성, 맥락 오해, (이모티콘이나 어투에서 오는) 불쾌감 등을 꼽았습니다.

저는 여러 요인 가운데 맥락을 오해하거나 불쾌감을 느끼는 등의 '감정' 요소에 주목할 필요가 있다고 생각합니다. 언뜻 비대면은 얼굴을 직접 마주하지 않으니 '감정'적으로 문제가 없을 것 같습니다. 하지만 오히려 비대면 커뮤니케이션에서의 많은 이슈가 '감정'의 왜곡으로 인해 생기곤 합니다.

"(메일을 읽고) 그래서 이 기간 내에 개발을 못 하겠다고 통보하는 거야?"

"(메신저를 보며) 아니 간단히 물어본다더니, 지금 몇 분째야. 내 일은 언제 하냐고!"

서로 다른 배경 지식으로 인해 내용을 다르게 해석해서 업무가 잘못되거나, 혹은 서로의 의도를 잘못 전달해서 오해가 생기는 일들은 대면, 비대면 할 것 없이 생기는 일입니다. 보통 대면 커뮤니케이션은 반응을 즉각적으로 살필 수 있기 때문에 질문 등을 통해 확인이나 대응이 가능합니다. 반면 비대면 커뮤니케이션에서는 상대방이 회신을 보내오기 전까지는 전달한 내용을 제대로 이해했는지, 오해한 것은 아닌지 확인이 어렵습니다. 또 상황에 따라 얼굴을 보고 얘기하면 쉽게 해결될 일도 주고받는 메일을 통해 골이 깊어지는 경우도 있지요.

커뮤니케이션 기본기를 적용하면, 이런 '감정'적인 부분을 컨트롤하는 데 효과적입니다. 비대면 커뮤니케이션의 빈도가 늘어난 요즘, 우리가 지켜야 할 커뮤니케이션 기본기는 무엇일까요?

메신저로 커뮤니케이션하기

얼마 전 싱가포르에서 글로벌 IT 기업의 매니저로 일하고 있는 고등학교 친구와 오랜만에 영상 통화를 했습니다. 한국에 들어오면 가끔씩 만나곤 했는데, 코로나19로 인해 오고 가는 것이 어렵다 보니 가끔 영상 통화로 회포를 풀곤 합니다.

친구 얘기에 따르면, 회사 내부적으로 코로나19 이후에도 재택근무 100%를 지속적으로 추진해나갈 수 있도록 방안들을 고민하고 있다고 했습니다. 재택근무를 해도 업무 효율성이 떨어지지 않는다는 것을 확인했으니, 비용 절감이나 워라밸 차원에서 재택근무를 장려해나갈 예정이라고 말이지요. 대신 일과 삶이 나누어지지 않아 오히려 업무 강도가 너무 높아지거나, 홀로 근무하는 데서 우울증이 발생할 수 있으니 이를 미연에 방지할 수 있는 지원 제도들을 마련하고 있다고 합니다.

개인적으로 확실히 복잡한 이슈를 부러뜨리기엔 온라인 커뮤니케이션은 한계가 있다고 생각했던 터라, 궁금한 마음에 자세히 물었습니다. 친구의 말인즉, 기존에도 프로젝트를 다양한 국가에 있는 동료들과 협업했기 때문에, 출장을 가지 않는 한 대면 미팅보다는 비대면 커뮤니케이션이 일상화되어 있었다고 합니다.

내부적으로 권고되는 온라인 커뮤니케이션 가이드라인도 있다고 했습니다. 일례로 20분 이상 소요되는 커뮤니케이션은 메신저로 할 수 없고, 반드시 상호 협의한 후 별도 일정을 잡아서 온라인 미팅으로 진행해야 한다는 것이었습니다. '역시 글로벌 회사들은 다르구나'라고 생각했죠.

최근 들어 재택근무 등으로 업무를 진행하면서 업무 메신저를 사용하는 빈도수가 크게 늘었습니다. 업무 메신저는 신속하고 간단하게 의견을 주고받을 수 있다는 장점이 있지만, 때로는 상대방에게 의도치 않은 스트레스를 줄 수 있습니다. 보고 중에 계속 깜빡거리는 메신저에 신경이 쓰인다거나, 여기저기서 날라오는 메신저에 업무 흐름이 끊겨 짜증이 나곤 했던 경험처럼 말이지요.

메신저로 커뮤니케이션을 할 때도 결론부터, 간단하게, 정확하게, 예의를 갖추어 말해야 합니다. 이제부터 메신저라는 특징을 고려할 때 좀 더 주의해야 하는 부분들을 짚어보도록 하겠습니다.

결론부터 말하기

김 대리
안녕하세요~ 이 대리님, 잘 지내시나요?

안녕하세요, 김 대리님

김 대리
그동안 잘 지내셨죠? 혹시 지금 사무실에 계신가요?

아, 저 지금 외근 중이라 사무실에 두 시간 후에나 들어갈 것 같아요. 무슨 일 있으신가요?

김 대리
아, 제가 요즘 이 대리님 뵌 지도 오래 됐고…

…

(아니, 용건은 언제 얘기하려는 거야?)

김 대리
이 대리님, 사무실에 언제 들어오세요?

(왠지 모르게
이미 기분이 상했음)

왜 그러세요?

김 대리
아, 지난번 말씀하신 자료 수정되어서
확인받고 싶어서요.

두 시간 후에나 가능합니다.

김 대리
알겠습니다.

어떤가요?

두 대화 모두 무엇인가 불편하지 않은가요? 직장에서의 메신저는 개인 메신저와 다릅니다. 아무리 친분이 있는 사이라고 하더라도 다짜고짜 용건부터 묻는 것은 예의가 아니지요. 그렇다고 안 그래도 정신없이 바쁜데 용건은 미뤄둔 채 사담을 나누는 것 또한 상대방의 업무 시간을 빼앗는 것이 됩니다.

김 대리

이 대리님, 외부에 계시지요?
지난번 말씀하신 자료 수정 완료해서
메일 드려 놨습니다. 혹시 몰라서
메신저로도 말씀드립니다.

아 그래요? 오늘은 계속 외부 미팅
중이라 확인이 어려운데요. 내일
확인해서 회신이 가능한데,
괜찮으실까요?

김 대리

네네, 가능합니다. 감사합니다.

메신저에서도 결론부터 말하는 것이 필요합니다. 결론부터 말하기 위해서는 말하고자 하는 내용을 메신저로 이야기하면서 정리하는 것이 아니라, 메신저에 입력하기 전에 머릿속으로 할 말을 정리해두어야 합니다.

간단하게 말하기

업무 메신저에서는 사담은 가급적 지양하고, 짧게 진행합니다.

김 대리
안녕하세요! 구매팀 김 대리입니다.

네, 안녕하세요!

김 대리
지난번 메일로 보내주신 견적서 관련해서
간단하게 확인하고 싶은 사항이 있는데
잠깐 대화 괜찮으신가요?

네네, 말씀해주세요.

김 대리
우선 견적 금액이 기존에 사내에서 진행했
던 프로젝트 대비 제작 단가가 너무 높아서
특별한 사유가 있나 해서요.

아, 그게… 메신저로 설명드리기에는
좀 복잡해서요.

김 대리
그런가요? 그럼 하나 더 여쭐게요.

간단한 문의라고 시작했는데 계속 대화를 이어간다면, 상대방은 난처할 수밖에 없습니다. 또 짧게 대화가 가능하느냐고 물어본 후 오래 얘기를 하다 보면 상대방의 입장에서는 업무 흐름이 끊기거나 다른 업무에 방해될 수 있습니다. 10분 이내로 마무리되기 어려운 이야기는 메신저가 아닌 다른 커뮤니케이션 수단을 활용하는 것이 좋습니다.

정확하게 말하기

메일과 달리 메신저의 대화 기록은 히스토리 관리가 어렵습니다. 많은 메신저에서 검색 기능을 제공하고 있지만, 메일과 달리 구어체로 나눈 대화 속에서 특정 키워드로 원하는 정보를 찾기가 쉽지 않습니다.

따라서 중요한 얘기는 메신저가 아닌 메일로 커뮤니케이션하는 것이 좋습니다. 또한 메신저로 대화를 나누었지만 100% 전달되지 않은 경우에도 메일이나 별도 대면 커뮤니케이션을 통해 다시 한번 확인하는 것도 좋은 방법입니다. 커뮤니케이션의 정확성도 높이고, 히스토리 관리도 되니까요.

상대방의 입장을 배려하기

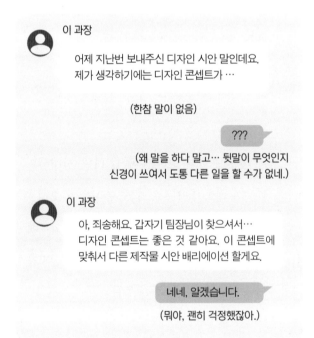

어떠신가요.

메시지를 쓰다가 중간에 멈춘 후 다시 이어나가는 것은 본인의 필요에 의해 이야기를 일방적으로 진행하는 느낌을 줍니다. 상대방의 업무 흐름은 계속 방해하는 셈이지요. 메신저로 대화하는 데도 지켜야 할 것들이 있습니다.

우선, 이야기를 일단 시작하면 일정 시간 대화를 나누게 되므로, 자신도 충분히 얘기를 마무리할 수 있는 시간이 확보되었을 때 시작하는 것이 좋습니다. 더불어 상대방이 대화할 수 있는 타이밍인지도 함께 확인합니다.

 이 과장
지난번 보내주신 디자인 시안에 대해서
내부 검토를 마쳐서 콘셉트에 대해서 잠깐
이야기를 나누고 싶은데 10분 정도 시간이
되실까요?

네네, 가능합니다.

마찬가지로 상대방이 말을 걸어왔을 때 내가 대화를 나누기에 충분한 시간이 없거나, 중요한 일을 하는 중이어서 업무 흐름을 방해받고 싶지 않다면 정확하게 얘기하는 것이 필요합니다.

이 과장

지난번 보내주신 디자인 시안에 대해서
내부 검토를 마쳐서 콘셉트에 대해서 잠깐
이야기를 나누고 싶은데 10분 정도 시간이
되실까요?

아, 지금은 미팅에 들어가야 해서
대화가 어렵고 3시에 가능합니다.

이 과장

지난번 보내주신 디자인 시안에 대해서
내부 검토를 마쳐서 콘셉트에 대해서 잠깐
이야기를 나누고 싶은데 10분 정도 시간이
되실까요?

네네, 지금은 제가 집중해서 처리해야 할
업무가 있어서 오후 5시 이후가 좋을 것
같은데요. 급하신 일이면 메일로 주시면
감사하겠습니다.

이메일로 커뮤니케이션하기

이번에는 이메일로 커뮤니케이션하는 것에 대해서 얘기를 나눠 보겠습니다. 먼저 다음 두 명의 대화를 살짝 들어볼까요?

아무개 : 커피 한잔 가능?

　　　　짜증 나서 '아아(아이스 아메리카노)'가 필요해.

최사원 : 왜 무슨 일 있어?

아무개 : 도대체 ○○○ 하고 일하면 너무 답답해. 분명 업무 요청 메일인데, 본인이 하고 싶은 말만 장황하게 하고, 다 읽어도 내가 뭘 해야하는지 모르겠어. 내 문장 해독력이 떨어지는 건지….

최사원 : 맞아, 그럼 짜증 나지…. 난 얼마 전에 김 대리님이랑 일하면서 참좋았는데….

아무개 : 김 대리님은 뭘 잘하는데?

최사원 : 글쎄 정확히는 모르겠지만, 뭔가 디테일이 달라. 지난번에 우리가제작한 홍보영상 있잖아? 출연진도 많고 일정도 빠듯했거든. 영상촬영팀, 출연진, 스튜디오 대관 일정을 모두 조율해야 해서 머리가 아팠는데, 김 대리님이 시원하게 처리해주셨어. 다른 사람같으면 메일을 여러 번 주고받아야 가능했을 텐데 말이지.

이무개 : 어떻게?

최사원 : 먼저 가장 일정 잡기 어려운 출연진 일정부터 파악해서 표로 정리

하고, 이 가운데 촬영팀 일정이나 조절 가능한 일정을 고려해서 1,

2순위를 표시해서 스튜디오 대관팀에 메일을 보내시더라고.

No	월	일	요일	시간(본방 기준)	우선순위
1	5월	13일	목	19:00~20:30	3순위
2	5월	14일	금	19:00~20:30	3순위
3	5월	20일	목	19:00~20:30	1순위
4	5월	21일	금	19:00~20:30	1순위
5	5월	26일	수	19:00~20:30	2순위
6	5월	27일	목	19:00~20:30	2순위
7	5월	28일	금	19:00~20:30	2순위

이무개 : 맞아! 그런 분이 있지. 나도 이번에 같이 일한 업체가 그렇더라고.

요즘 바빠서 메일 체크할 시간도 없는데, 메일 제목을 [요청 일정

가능], [수정사항 반영 완료]라고 써서 보내니 궁금한 점은 굳이

메일을 안 열어봐도 확인 가능하니 일단 마음이 놓이고, 자세한

건 나중에 시간될 때 읽어보면 되니까.

김 대리와 함께 일하고 싶은 사람이 되고 싶다면, 이메일에서도 여러분의

커뮤니케이션 기본기가 필요합니다.

결론부터 말하기

상황에 따라 업무가 바쁠 경우, 오후까지 메일을 확인하지 못할 경우가 있습니다. 뭔가 요청이 온 것 같은데 제목에서 내용이 예상되지 않는다면 괜히 신경이 쓰일 수 있습니다. 또 메일이 쌓일 경우 메일 제목에서 내용을 알 수 없는 경우에는 확인의 우선순위에서 밀리게 될 수도 있지요.

메일을 작성할 때는 제목만 봐도 어떤 내용의 메일인지 알 수 있도록 제목을 작성합니다. 이때 일반적으로 많이 사용하는 [ ]를 이용해서 상대방에게 메일에 대한 정보를 전하는 것이 좋습니다.

예를 들면 다음과 같습니다.

- 어떤 프로젝트인지 알 수 있도록 합니다.

[최쉐프 쿠킹 클래스] 홍보 티저 디자인 시안입니다.

[회사명] ○○ 대학과 ○○ 사 간의 MOU 체결서 검토 요청

- 메일의 우선순위를 알 수 있도록 합니다.

[긴급] A 프로그램 강사 출강 불가로 대체 강사 컨택 필요

[수정 완료] 표지 디자인 피드백 반영한 수정본입니다.

[촬영 가능] RE: 쿠킹 클래스 영상 촬영 스케줄

[지원 가능] RE: 쿠킹 클래스 촬영 지원 요청

[회신 요망] 원고 초안 송부드립니다.

이렇게 제목을 달아주면 보다 손쉽게 어떤 프로젝트에 해당하는 메일인지, 메일의 속성이나 긴급도를 판단할 수 있습니다.

간단한 안부 인사 다음에는 본문의 처음에 이 메일을 왜 썼는지에 대해 알려줍니다. 안건에 대해서 먼저 짚어주면, 메일을 읽어나가면서 해당 안건을 염두에 두고 읽을 수 있어 전달력이 더 높아지게 됩니다.

안녕하세요.
○○부서 A제품 영업을 담당하고 있는 ○○○입니다.
이번 신규 출시한 A제품의 판매 현황 공유 하고자 메일 드립니다.

간단하게 작성하기

메일을 받는 사람이 메일을 여러 번 읽게 하지 않기 위해서는 메일을 읽어 내려가는 의식의 흐름에 따라 내용을 정리해주는 것이 필요합니다. 긴 메일 내용일수록 메시지 단위로 파악하기 쉽게, 단락을 나누어주면 가독성이 더 높아집니다.

단락 내에서도 전달할 내용이 여러 개라면, 줄글보다는 카테고리별로 넘버링을 하거나, 간단하게 요약하고 난 뒤에 내용을 작성합니다.

이메일의 기본 구조

[회사명] ○○프로젝트를 위한 Kick-off 건

인사말
안녕하세요, 고 대표님
이번에 귀사와 함께 파트너십을 가지고 진행할 ○○ 프로젝트 담당자○○○
차장입니다. 잘 부탁드리겠습니다.

결론
○○프로젝트에 대한 내용을 간단하게 공유드리오니 참고 부탁드리며,
다음 주 ○월 ○일 ○시 / ○○○프로젝트 킥오프에서 뵙겠습니다.
{ 단락 구분

전달할 내용
〈쿠킹 시리즈 클래스 영상 촬영 프로젝트〉

■ 프로젝트 개요 ← 요약문
-서울 시내 유명 레스토랑(A, B, C레스토랑)과 연계하여, 시그니처 메뉴를
직접 만들어보는 쿠킹 클래스 영상 제작 프로젝트
-제작 기간 : 총 2개월(○~○월)
-제작 비용 : ○○○○원

■ 대상 레스토랑 및 메뉴

1) A레스토랑

-위치:

-컨택: ○○○ / ○○○@○○○.com / 010-○○○○-○○○○

-메뉴 특징:

2) B레스토랑

-위치:

-컨택: ○○○ / ○○○@○○○.com / 010-○○○○-○○○○

-메뉴 특징:

3) C레스토랑

-위치:

-컨택: ○○○ / ○○○@○○○.com / 010-○○○○-○○○○

-메뉴 특징:

넘버링
사용

■ 업무 진행 프로세스

1) 기획 미팅(○월 ○○일~○○일 중)

2) 1차 아이디어 미팅 진행(줌미팅)

3) 영상 시나리오 및 콘티 확정(○월 초): 영상 기획 및 편수 등에 대해 최종 확정

4) 촬영(○월 2/3주 차): 서울 소재, 쿠킹 스튜디오에서 진행 예정

5) 편집(○월 말)

요청사항 관련하여 다음주 킥오프 미팅 참석 인원을 확인해주시면 감사하겠습니다.

살펴보시고 궁금하신 점 있으시면 언제든 연락 주십시오. ^^

감사합니다.

○○○ 차장 드림

정확하게 말하기

대면 커뮤니케이션에서는 상대방의 표정이나 제스처, 분위기를 통해 감을 잡기가 편하지만, 비대면 커뮤니케이션에서는 보다 정확한 커뮤니케이션이 필요합니다.

• 상대방이 해주어야 하는 것을 명확하게 알려줍니다.

대부분의 메일은 요청이 있다면 언제까지 무엇을 해달라고 명확하게 기재합니다. 줄글로 안부인사와 프로젝트 진행 현황에 섞어서 썼어도 난 썼으니까 하는 마음이라면 결국 회신만 늦게 됩니다. 그 사람은 메일을 한 번 읽고 머릿속에 본인이 무엇을 해야 하는지에 파악되지 않으니 잠시 뒤에 다시 읽어야지 하면서 회신을 늦게 하게 됩니다. 밑줄을 긋거나 요청사항이라고 기재하는 것도 방법입니다.

특히, 맥락 없이 '잘 부탁드립니다. 잘 해주세요' 같은 표현보다는 무엇을 어떻게 해야 하는지를 정확하게 전달하는 게 필요합니다.

• 프로젝트 진행 기간, 업무 데드라인, 납기 일정, 시행 일자 등과 같이 숫자와 관련 부분은 명확하게 얘기해주는 것이 필요합니다.

~ 이내, 가급적 등과 같은 표현은 지양합니다.

- 반드시 알아야 할 부분은 다른 색깔/ 폰트로 강조해서 인식하게 쉽도록 합니다.

메일을 다 읽으면, 메일을 받은 사람이 무엇을 해야 할지를 명확하게 알 수 있도록 합니다. 메일에 회신해야 할 포인트는 강조해서 표기해주는 것도 방법입니다.

- 불필요한 오해가 생기지 않도록 내용 검토하기

미리보기 기능을 활용하거나 자신에게 사전에 발송 테스트를 진행해서, 제3자의 관점에서 메일을 읽어보면 좋습니다. (중요한 보고라면 더욱 필요하겠죠?)

문장을 짧게 쓰더라도 조사는 생략하지 않는 게 좋습니다. 조사를 생략한다고 글자 수가 많이 줄어들지 않습니다. 괜히 의미만 불분명해져 오해의 소지가 있습니다. 글쓴 사람은 조사가 없어도 이해하지만 처음 읽는 사람은 어떤 조사가 생략된 것인지 알기 어렵습니다. 조사에는 의도가 들어 있는데, 이런 조사를 생략하면 의도가 불분명해질 수 있습니다.

상대방의 입장에서 우선하기

메일을 작성할 때 예의 있는 커뮤니케이션은 상대방에 대한 배려에서 출발합니다.

- 상대방이 메일을 읽고 가질 수 있을 법한 질문들을 예상해보고 그에 대한 답도 덧붙입니다.

'혹시 이 부분에 대해 ~와 같이 생각하실 수 있는데요'라고 상대방이 궁금하거나 잘못 생각할 수 있는 포인트는 미리 짚어주면 좋습니다. 상대방 입장에서 생각하면 세 번 주고 받을 메일로 한 번으로 줄일 수 있습니다.

- 메일 쓰레드가 쌓여갈수록 답장 스트레스도 쌓입니다.
  - 수신자와 참조자는 꼭 필요한 대상자만 넣습니다.
  - 수신인이 많을 때 해당 이슈가 어떤 사람에게 해당하는지 명시합니다.
  - 수신자와 참조자의 우선순위를 잘 조정하는 것이 필요합니다.

- 첨부 문서도 센스 있게 보냅니다.

군이 첨부 파일을 열어 보지 않아도 대략 핵심적인 사항은 파악할 수 있도록 캡처 이미지로 본문에 넣거나, 문서 내용을 간단히 요약하여 본문에 정리해줍니다. 요즘은 모바일로 메일을 읽는 경우가 많습니다. 스마트폰에서 별도의 뷰어 없이도 파일을 다운로드해서 보기 쉽도록, PDF 버전도 함께 보내주면 읽기 편합니다.

수신자와 참조자를 잘못 넣으면 발생할 수 있는 일

"내가 담당자도 아닌데, 왜 나를 수신자로 했지? 내가 뭘 해야 하는 건가?"

"저도 업무 관련자인데, 제게는 별도로 메일이 안 와서 일이 어떻게 진행되고 있는지 알지
못했어요. 다른 분께 FW 받아서 알았는데, 앞으로는 꼭 참조 넣어주세요."

업무 관련자가 많아서 수신자가 여러 명일 경우, 개별적으로 해야 할 내용을 명확하게 언
급해주면 좋습니다.

수신자(To)

이메일 내용에 대해 실질적으로 조치를 취하거나 실행할 사람입니다. 업무 유관자가 많아
서 수신자가 여러 명일 경우, 구분해서 정확하게 액션 내용을 언급하면 좋습니다. 모호하
게 하면 메일 수신자도 누군가가 회신하겠지 하는 마음이 되어, 회신이 늦어지게 됩니다.

> @이××님 : 영상 레퍼런스 리스트업해서 공유해주세요.
>
> @김○○님 : 배너 제작 여부 확인하고, ○○일까지 그랜드볼룸 앞에 비치해주세요.

만약 수신자의 리스트를 서로 간에 공유하지 않아야 할 때는 개인별로 보내기를 선택하는
것이 좋습니다. 예를 들어 마케팅 대행사를 선정하는 데 필요한 RFP(프로젝트 제안 요청서)
를 우리 회사 이외에 어디에 보냈는지 서로에게 공유하는 것은 누구에게도 좋지 않기 때문
입니다.

참조자(CC :Carbon Copy)

카본 카피란, 타자기에서 카본지(먹지)를 사용해서 문서의 복사본을 만드는 데서 유래된 단어입니다. 메일의 직접적인 수신 대상은 아니지만, 메일에서 다루어지는 내용을 참고하면 좋을 사람들을 지정하여 메일을 참조할 수 있도록 하는 것이지요. 히스토리를 공유하여 업무 진행 현황을 알고 있어야 하는 같은 부서/ 타부서의 동료, 별도 보고는 아니지만 해당 업무에 대한 진행 현황을 파악하고 있어야 하는 상사에게 보냅니다.

참조자를 선정할 때는 업무 연관성을 고민해서 넣어야 합니다. 만약 업무 연관성이 없는데 참조자로 들어 있을 경우 주고받는 메일을 계속 받게 되어, 내가 이 메일을 왜 받아야 하나 싶어 빼달라는 요청을 받을 수도 있습니다. 또 참조자 대상의 직급이나 직책에 위계가 있는 경우, 불필요한 오해를 방지하기 위해 직책 순으로 참조를 넣는 것도 필요합니다.

숨은 참조자(BCC : Blind carbon copy)

참조자에 넣은 이메일 주소는 수신자와 참조자들에게 메일 주소가 공개되지만, 숨은 참조자로 걸린 이메일 주소는 수신자와 참조자 모두에게 보이지 않습니다. 따라서 직접적으로 프로젝트에 참여하지는 않지만 경영진이나 의사결정자에게는 프로젝트의 진행 현황을 공유해야 한다면, 숨은 참조자를 활용하면 좋습니다. 일반적으로 경영진이나 의사결정자의 이메일 주소는 공개하지 않는 것이 좋기 때문입니다. 참고로 받는 사람과 참조인이 답장을 보내도 숨은 참조자에게는 메일 답장이 가지 않습니다.

메일이나 메신저를 통해 커뮤니케이션할 때
정보 보안을 잊지 마세요

재택, 원격 근무가 증가하면서 비대면 커뮤니케이션이 많아질수록 정보 유출의 위험은 높아지므로 정보 보안에 더욱 유의해야 하는데요. 회사의 정보 보안 가이드를 참고해서, 사내 정보나 개인 정보 등과 같은 자료가 외부로 유출되지 않도록 각별히 주의하세요.

1. 메일에 포함되는 내용이나 첨부 문서의 정보 공유 가능 범위를 고려하여, 보안 등급을 실정하여 메일을 발송합니다.

   기밀 : 담당자 | 대외비: 업무상 필요한 사내 직원 | 일반: 외부 공개

2. 고객 정보, 사내 인사 정보, 회계 정보 등 주의가 필요한 파일은 암호화하여 꼭 필요한 사람에게만 전송합니다. 파일에 설정된 암호가 유출되지 않도록 암호는 별도 메일을 통해 전송합니다.

폴더 및 문서 암호화 방법

1. 폴더, 문서 숨기기
   설정 : 숨기려는 폴더/문서 선택 ⇨ 마우스 오른쪽 버튼 클릭 ⇨ 속성 ⇨ 숨김 확인

2. 한글파일 및 워드/엑셀 문서 암호화하기
   한글파일 ⇨ 파일 ⇨ 다른 이름으로 저장 ⇨ 문서 암호
   워드/엑셀/파워포인트 ⇨ 파일 ⇨ 정보 ⇨ 문서보호 ⇨ 암호 설정

정리하기

당신은 기본기가 있는 커뮤니케이터인가요?

커뮤니케이션 기본기	대면 커뮤니케이션	비대면커뮤니케이션	
		메신저	이메일
결론부터	결론은 가장 맨 처음에 말하기		
간단 하게	• 몇 개의 덩어리로 구조화하여 이야기하기	• 너무 길게 사담하지 않기	• 이메일의 기본 포맷 : 인사말 - 결론 - 상세 내용 - 요청 사항 - 마무리
정확 하게	• '육하원칙'에 따라 구체적으로 설명하기 • 특히 의미 있는 '숫자'는 정확하게 사용하기	• 중요한 내용은 메일과 메신저를 병행해서 커뮤니케이션하기	• 요청 사항은 정확하게 • 중요한 사항은 명확하고 확실하게 강조하기 • 발송 전 내용 검토하기
예의 바르게	• 말을 끊지 않기 • 배려하기 • 대안을 얘기하기	• 상대방에게 메신저가 가능한지 확인한 후 대화하기 • 상대방에게 내가 메신저가 가능한 상황인지 정확하게 알려주기	• 주고받는 메일을 최소화할 수 있도록 상대방의 입장에서 내용 확인 • 불필요한 메일은 최소화 • 첨부 문서의 중요한 화면은 본문에 넣어주기

마치며

처음 책을 쓰면서 많은 생각이 들었습니다.

이 책이 정말 누군가에게 도움이 될까.
좀 더 도움이 되려면 어떻게 해야 할까.
나는 이렇게 일하고 있나.

20년간의 시간을 돌이켜 보며 일이 제게 전한 성취감의 순간, 그리고 버거움의 순간을 다시 한번 곱씹어 보며 마음 한편에서 알 수 없는 감정들이 솟구쳤습니다.

얼마 전 예전에 함께 일했던 후배와 대화를 나눌 일이 있었습니다. 지금은 다른 회사로 이직했지만, 저희의 수다 가운데는 언제나 저희가 함께했던 프로젝트가 단골 소재로 등장합니다. 그땐 정말 힘들었지만(모 프로젝트를 하며 저는 구완와사를 경험하기도 했습니다. ㅠㅠ) 만약 서로가 없었다면 좋은 성과를 낼 수 없었을 것이고, 혼자가 아니라 함께했기에 서로 성장할 수 있었다고 말이지요.

인생은 매순간 진행 중이고, 직장에서든 자신의 사업이든 지금 일을 하고 있다면 일은 우리 인생의 일부이고 인생의 소중한 기록이 됩니다. 일은 항상 재미있을 수도 없고 늘 잘할 수도 없지만, 여러분의 인생을 의미 있게 만들어가는 도구가 되었으면 합니다.

〈그대를 사랑합니다〉 〈이웃사람〉 등으로 유명한 강풀 웹툰작가의 작품 〈무빙Moving〉의 단행본 표지에 적힌 문구입니다.

"응원할게.

뭘 응원해?

널"

20년 전의 제 모습처럼, 지금 무엇을 향해 이렇게 달리는 건지, 제대로 잘하고 있는 건 몰라 답답하고 힘든 누군가가 있다면 이 책이 조금이라도 힘이 되었으면 합니다.

진심을 다해, 여러분을 응원합니다.

Special Tanks to.

먼저 제 삶이 지속할 수 있도록 생명을 허락해주신
하느님께 감사드립니다.

제 삶의 뿌리인 소중한 가족들, 진심으로 사랑합니다.
특히 일하는 엄마를 항상 이해하고 응원해준 딸에게 특별한 고마움과 미안함을 함께 전합니다.

배움이 더딘 부족한 제가 일을 잘할 수 있도록 이끌어주신 선배님들, 그리고 함께 고민하며 치열하게 일했던 저의 동료, 후배들에게 감사합니다.

제 삶의 에너지이자 든든한 조언자인 오랜 친구들과 이웃들!
함께 울어주고 함께 기도해준 여러분 덕분에, 투병 생활도 행복할 수 있었습니다.

더불어 제 인생의 '입학'과 '취업'이란 의미 있는 시점에 '샌드위치'를 건네준, 도깨비 신과 같은 두 분.
본고사 인지대를 깜박 잊고 안 가져가 당황하는 저를 학관 전화기로 안내

해주서서 마감 10분 전 간신히 원서접수를 할 수 있게 해주신 이름모를 선배님. 공모전 논문을 정성스럽게 피드백해주신 동문 선배님 덕분에, 공모전 수상 경력을 레퍼런스 삼아 좋은 직장에서 사회생활을 시작할 수 있었습니다. 어려서 잘 몰랐다는 뻔한 핑계로, 많이 늦었지만 진심으로 감사드립니다.

이 자리를 빌어 그동안 꼭 전하고 싶었던
감사 인사를 마음을 다해 전합니다.

일 잘하고
일찍 퇴근하겠습니다

초판 1쇄 인쇄 2021년 7월 26일
초판 1쇄 발행 2021년 8월 10일

지은이 하하부장
발행인 김우진

발행처 이야기가있는집
등록 2014년 2월 13일 제2013-000365호
주소 서울시 마포구 월드컵북로 402, 16
전화 02-6215-1245 | **팩스** 02-6215-1246
전자우편 editor@thestoryhouse.kr

ⓒ 2021 하하부장

ISBN 979-11-86761-36-6 13320